Gabriele Blod

Präsentationskompetenzen – Überzeugend präsentieren in Studium und Beruf

Klett Lernen und Wissen

Bibliographische Information der Deutschen Bibliothek
Die Deutsche Bibliothek verzeichnet diese Publikation in der Deutschen
Nationalbibliographie; detaillierte bibliographische Daten sind im Internet
über http://dnb.ddb.de abrufbar.

Auflage 4. 3. 2. 1. | 2010 2009 2008 2007
Die letzten Zahlen bezeichnen jeweils die Auflage und das Jahr des Druckes.
Dieses Werk folgt der reformierten Rechtschreibung und Zeichensetzung. Ausnahmen
bilden Texte, bei denen künstlerische, philologische oder lizenzrechtliche oder andere
Gründe einer Änderung entgegenstehen.

© Klett Lernen und Wissen GmbH, Stuttgart 2007
Alle Rechte vorbehalten.
Internetadresse: www.klett.de/uniwissen
Umschlagbild: Fotosearch RF, Waukesha, WI / Photo-Disc
Satz: Kassler Grafik-Design, Leipzig
Reproduktion: Meyle + Müller, Medien-Management, Pforzheim
Druck: Druckerei Wirtz, Speyer
Printed in Germany.
ISBN: 978-3-12-940004-3

9 783129 400043

Inhaltsverzeichnis

Präsentationen haben sich als Kommunikationsform in Studium und Beruf etabliert. Von einer gelungenen Präsentation kann viel abhängen: eine gute Note in der Schule oder im Studium, eine interessante Projektaufgabe oder eine Beförderung im Beruf. Allerdings stellen Präsentationen eine besondere Herausforderung dar. Welches Medium der Präsentierende auch einsetzt (Beamer, Overhead-Projektor oder Flipchart), in der Präsentation ‚sprechen‘ immer zwei: der Präsentierende und die visuellen Medien. Nur wenn beide gewissermaßen ‚synchron sprechen‘, erhält das Publikum einen harmonischen und überzeugenden Gesamteindruck.

Auf dem Weg zu einem ‚Meister der Synchronisation‘ will dieser Band der Reihe Klett „UNI-WISSEN Kernkompetenzen" Sie unterstützen. Er versteht unter Präsentationskompetenzen alle Arbeitsschritte von der Planung bis zur Nachbereitung einer Präsentation. Großes Gewicht wird auf die Schritte der Vorbereitung und Erstellung der Präsentationsunterlage gelegt – aus der Erfahrung heraus, dass hier viele Fallstricke verborgen liegen und häufig zu sorglos gearbeitet wird. Beispiele aus verschiedenen Bereichen geben Anregungen und verdeutlichen das Gesagte, Tipps aus der Praxis und Checklisten unterstützen Sie bei der Erstellung Ihrer eigenen Präsentation. Die einzelnen Schritte lassen sich sowohl auf Referate in Schule, Studium und (außer-)universitärem Engagement wie auf Präsentationen im Berufsleben anwenden.

In dieses Buch sind die Erfahrungen aus zwölf Jahren Berufstätigkeit als Editorin bei Roland Berger Strategy Consultants und aus einem Jahr Lehre an der Fachhochschule Regensburg eingeflossen. Über weitere Anregungen der Leserinnen und Leser freue ich mich (gabriele.blod@mikro.fh-regensburg.de).

Bedanken möchte ich mich bei all jenen, die dazu beigetragen haben, dass dieses Buch entstehen konnte: Meinen ehemaligen Kolleginnen und Kollegen von Roland Berger Strategy Consultants verdanke ich meine erste Bekanntschaft und zahlreiche praktische Erfahrungen mit Präsentationen. Mein Dank geht insbesondere an Sabine Hellberg, Susann Haid und Jochen Ochner. Die Teilnehmer meiner Seminare an der FH haben mir gezeigt, welche Besonderheiten Präsentationen im Studium aufweisen. Susanne Lesaar und Isabel Rincón danke ich für kritische Testlektüre und gründliche Korrektur. Schließlich danke ich Ansgar Nünning für sein Vertrauen und für seine Ermutigungen auf dem Weg von der Buchidee zum fertigen Manuskript.

Gabriele Blod
September 2007

1 Ziel und Inhalt des Bandes

Schlüssel-kompetenz Kommuni-kation

„Wir suchen einen Mitarbeiter/eine Mitarbeiterin für unser Team … Sie verfügen über hohe Kommunikations- und Teamfähigkeit, Präsentationssicherheit, sicheres Deutsch und Englisch in Wort und Schrift". Kommunikationsfähigkeit ist eine der zentralen Schlüsselqualifikationen im Berufsleben, in nahezu jeder Stellenanzeige wird sie gefordert. Dieser Band der Reihe Klett „UNI-WISSEN" behandelt einen Aspekt von Kommunikation, der in den letzten Jahren im Berufsleben, im Studium und in der Schule eine zunehmend wichtige Rolle spielt: das zielorientierte und empfängergerechte Präsentieren von Themen. Entstanden seit den 80-er Jahren in der Berufswelt, ist diese Form der Kommunikation zum weit verbreiteten Standard bei Besprechungen und Konferenzen, in Seminaren und Lehrveranstaltungen geworden. Dabei haben Laptop und Beamer die Vorgängermedien (Diaprojektor/Dias, Overhead-Projektor/Folien) weitgehend abgelöst. Berufstätige der letzten beiden Jahrzehnte haben diese neue Form der Kommunikation gleichsam ‚on the job' gelernt (oder mit etwas Glück in Weiterbildungsseminaren). Aus der Erkenntnis heraus, dass Kompetenzen dieser Art auf dem Arbeitsmarkt an Bedeutung gewinnen, wurde und wird ihre Vermittlung im Curriculum von Schulen und Hochschulen verankert.

Definitionen

Der heute geläufige Begriff von Präsentation ist relativ jung. Noch die 10. Auflage von Meyers Konversationslexikon (1981–1986) führt nur die handelsrechtliche Bedeutung des Begriffs auf: Präsentation als „das Vorlegen eines Wechsels oder Schecks zur Geltendmachung der Forderung" (http://lexikon.meyers.de/meyers). An die historischen Bedeutungen hingegen erinnern sich wohl nur noch Experten: Präsentation bedeutete im 19. Jahrhundert noch „die Berechtigung einer Gemeinde, einer Korporation oder eines Gutsherrn, zur Besetzung eines Amtes (z. B. einer Pfarrei) Kandidaten vorzuschlagen", und ‚präsentiert' wurde – als militärische Ehrenbezeigung – allenfalls das Gewehr (www.meyers-konversationslexikon.de).

In Enzyklopädien

Die neueste Ausgabe des Brockhaus versteht unter Präsentation im allgemeinen Sinn eine „(öffentliche) Darbietung oder Vorstellung" (BROCKHAUS 2006). Die freie Enzyklopädie Wikipedia definiert Präsentation als „die Darstellung oder Darbringung von Informationen gegenüber einem Publikum" (http://de.wikipedia.org/wiki/

Präsentation). Das ist zwar richtig, lässt aber einige Fragen offen. Die charmanteste Definition – sie stammt von einer Schulhomepage – lautet: „Eine Präsentation ist eine Darstellung von mehreren Bildern, die hintereinander gezeigt werden" (www.tu-chemnitz.de/ods/waldenburg/soffice/simpress/grundfra.htm). Diese Definition würde auch die Diashow des letzten Urlaubs beschreiben, trifft allerdings ungewollt auch die Schwäche von jenen Präsentationen, für die der Begriff ‚Folienschlacht' geprägt wurde.

Jedes der zahlreichen Bücher zum Thema Präsentation gibt seine eigene Definition. Genannt seien je ein Beispiel aus dem Bereich der Hochschullehre, der Weiterbildung und der Beratung. Der Wirtschaftsinformatiker HEINZ LOTHAR GROB (Universität Essen) und der Soziologe WOLFRAM BREGER definieren Präsentationen als „visuelle Übermittlung von Informationen" (BREGER & GROB 2003: 4). Die Trainer MARTIN HARTMANN, RÜDIGER FUNK und HORST NIETMANN beschreiben sie folgendermaßen: „Eine oder mehrere Personen stellen für eine Zielgruppe bestimmte Inhalte, also Sachaussagen oder Produkte, dar. Ziel ist es, diese Gruppe zu informieren oder zu überzeugen. Die Darstellung wird unterstützt durch bildliche Mittel. An die Darstellung schließt sich eine Fragerunde oder Diskussion an." (HARTMANN 2003: 12). Der Kommunikationsberater EMIL HIERHOLD schließlich bietet als Arbeitsdefinition an: „Die Präsentation ist der persönliche Vortrag einer strukturierten Folge von Gedanken – unterstützt durch visuelle Hilfsmittel – an ein überschaubares Publikum." (HIERHOLD 2005: 14). Die Liste ließe sich fortsetzen.

In der Praxisliteratur

Die wissenschaftliche Beschäftigung mit dem Thema in Deutschland ist noch sehr jung. 2004 wurde am Institut für Soziologie an der TU Berlin ein von der DFG gefördertes Projekt zur „Performanz visuell unterstützter mündlicher Präsentationen" etabliert, das sich der gattungsanalytischen Untersuchung dieser „paradigmatischen Kommunikationsform in der Wissensgesellschaft" widmet. Der Projektverbund „Interne Wissenschaftskommunikation über digitale Medien" am Zentrum für Medien und Interaktivität der Justus-Liebig-Universität Gießen beschäftigt sich seit 2006 unter anderem mit dem Thema „wissenschaftliche Präsentationen". Auf die ersten Veröffentlichungen darf man gespannt sein.

In der Forschung

Der Begriff ‚Präsentation' wird in diesem Band folgendermaßen verwendet: Präsentation ist die vorwiegend sachorientierte Vermittlung eines Themas durch einen Redner an ein Publikum, wobei

Arbeitsdefinition

er visuelle Medien zur Unterstützung seiner Rede einsetzt. Der Begriff bezeichnet zudem beide Aspekte: Präsentationsunterlage (Folien, Tafelbild, Flipchart-Bilder) und Präsentationssituation (eine Person steht vorne, zeigt Folien und spricht dazu). Was jeweils gemeint ist, geht in der Regel aus dem Kontext hervor, wenn dies nicht der Fall ist, wird das spezifischere Wort verwendet.

Definition ‚Folie'

Der Begriff ‚Folie' bezeichnet in diesem Buch die einzelne Seite einer Präsentation, und zwar sowohl die virtuelle Seite einer Beamerpräsentation wie auch die transparente Kunststoff-Folie, die für Präsentationen am Overhead-Projektor benötigt wird. Der Begriff ‚Chart', der häufig verwendet wird, bedeutet eigentlich ‚Diagramm' oder ‚Zahlengrafik' (*siehe Kapitel 5.2*).

Unterschied Vortrag – Rede

Was unterscheidet eine Präsentation von einem Vortrag oder einer Rede? Die einfachste Antwort lautet: Bei einem Vortrag (einer Rede) spricht einer, der Redner. Bei einer Präsentation hingegen ‚sprechen' immer zwei: der Präsentierende und das Medium, das er einsetzt, um seine Rede visuell zu unterstützen. In den meisten Fällen sind es heute Folien, die er mit Hilfe eines Overheadprojektors oder eines Beamers an eine Leinwand projiziert; er kann aber auch zur visuellen Darstellung von Rede-Inhalten Flipcharts oder eine Wandtafel einsetzen.

Besondere Herausforderung

Das Publikum kann und muss sich bei einer Präsentation daher immer entscheiden, wem es seine Aufmerksamkeit schenkt: dem Redner oder den Folien. Im besten Fall unterstützen die Folien den Redner und verstärken den positiven Eindruck seiner Kompetenz. Häufig genug treten Folien und Redner in Konkurrenz. Im schlimmsten Fall fallen die Folien dem Redner in den Rücken und untergraben seine Glaubwürdigkeit. Der Cartoonist SCOTT ADAMS hat in seinen Dilbert-Cartoons einige dieser Situationen amüsant auf den Punkt gebracht (ADAMS 1997). Die besondere Herausforderung einer Präsentation besteht darin, den Redetext und die eingesetzten Medien so aufeinander abzustimmen, dass das Publikum einen harmonischen und überzeugenden Gesamteindruck erhält.

Ziel dieses Bandes

Auf dem Weg zu einem solchen ‚Meister der Synchronisation' möchte dieses Buch Sie unterstützen. Zum einen möchte es Wissen über relevante Grundlagen einer Präsentation vermitteln, zum andern möchte es Sie praktisch befähigen, überzeugende Präsentationen zu eigenen Themen zu entwickeln und zu halten.

Präsentationskompetenzen setzen sich aus mehreren Teilkompetenzen zusammen, zu denen nicht nur der selbstbewusste Auftritt vor Publikum gehört. Zu den Präsentationskompetenzen zählen vielmehr auch die Fähigkeiten, die bereits in der Vorbereitungsphase einer Präsentation eine wichtige Rolle spielen. Daher bieten sich die einzelnen Schritte von der Planung bis zur Nachbereitung einer Präsentation zur Gliederung des vorliegenden Bandes an. Großes Gewicht wird auf die Schritte der Vorbereitung und Erstellung der Präsentationsunterlage gelegt – aus der Erfahrung heraus, dass hier viele Fallstricke verborgen liegen und häufig zu sorglos gearbeitet wird. Die einzelnen Schritte lassen sich sowohl auf Referate in Schule, Studium und (außer-)universitärem Engagement wie auf Präsentationen im Berufsleben anwenden.

Aufbau

Großes Gewicht liegt auf der praktischen Anwendung. Beispiele aus verschiedenen Bereichen geben Anregungen und verdeutlichen das Gesagte, Tipps aus der Praxis und Checklisten unterstützen Sie bei der Erstellung Ihrer eigenen Präsentation. Nur Bedienungsanleitungen zu gebräuchlichen Präsentationsprogrammen oder Spezifikationen der technischen Geräte werden Sie in diesem Band nicht finden – Software und Technik ändern sich zu rasch. Die Kompetenzen und Arbeitstechniken hingegen, wie man eine Präsentation erstellt, veralten nicht so schnell.

Schwerpunkt Praxis

Die Kommunikationsform ‚Präsentation‘ beruht auf so vielfältigen wissenschaftlichen Grundlagen, dass eine interdisziplinäre Arbeitsgruppe zumindest aus den folgenden Disziplinen nötig wäre, um sie vollständig zu überblicken: Informations- und Medientheorie; Rhetorik, Verständlichkeitsforschung und Stillehre; visuelle Kommunikation, Grafik- und Informationsdesign; nonverbale Kommunikation; kognitive Psychologie sowie die neuesten Entwicklungen der Hirnforschung, um nur die wichtigsten Gebiete zu nennen. Da dies für einen einzelnen Autor kaum zu leisten ist, kann hier auf die theoretischen Grundlagen der einzelnen Schritte nur hingewiesen werden. Etwas ausführlicher wird in *Kapitel 1.3* auf das Thema „Präsentation als Medium der Kommunikation" eingegangen. Zum einen lassen sich aus geläufigen Kommunikationsmodellen brauchbare Aspekte gewinnen, die beim Erstellen und Halten einer Präsentation zu beachten sind. Zum anderen wird das Thema gleichzeitig als Text und als Präsentation dargestellt – und dient damit als Illustration, wie eine Präsentation aussehen könnte.

Theoretische Grundlagen

Praktikerliteratur

Die Kommunikationsform ‚Präsentation' ist eine ‚Erfindung' der Praktiker. Dementsprechend ist nahezu die gesamte Literatur zum Thema aus der Praxis heraus entstanden, wobei unter Praxis der gesamte Bereich von Wirtschaft und Weiterbildung verstanden wird. Auch die Bücher zu hochschulspezifischen Formen der Präsentation, die es seit einigen Jahren gibt, verstehen sich in erster Linie als praktische Ratgeber. Die Wissenschaft hat für diese Art von Literatur den Begriff ‚Praktikerliteratur' geprägt. Praktikerliteratur zeichnet sich dadurch aus, dass sie anwendungsbezogen ist (was hilfreich ist) und selten Belege für ihre Empfehlungen zitiert (was den Praktiker nicht stört, aber den Wissenschaftler je nach Temperament zum Schmunzeln oder in die Verzweiflung treibt). In gewissem Sinne dürfte dieses Buch ebenfalls zur ‚Praktikerliteratur' zählen. Allerdings wird es seine Quellen nennen und darauf hinweisen, welche impliziten Annahmen hinter manchen Empfehlungen der Literatur stehen und welche dieser Annahmen aus heutiger Sicht relativiert werden müssen.

2 Was Referate und Präsentationen im Studium von Präsentationen im Beruf unterscheidet

1 Referate und Präsentationen im Studium

Medienwechsel

‚Referat' heißt wörtlich übersetzt ‚er/sie möge berichten' (lat. ‚referre'). Die früher übliche Form – ein mündlicher Vortrag, bei dem eventuell ein Thesenpapier an die Kommilitonen verteilt wurde und im Anschluss daran eine ausformulierte (Haus-)Arbeit beim Dozenten eingereicht wurde – wurde in den letzten Jahren in vielen Fächern durch Präsentationen abgelöst. Das Medium (der Kommunikationskanal) mag sich geändert haben – doch nicht das ‚doppelte' Ziel und das ‚doppelte' Publikum, die diese Kommunikationssituation kennzeichnen.

Das ‚doppelte' Ziel

Warum halten Sie Referate oder Präsentationen in Seminaren oder Lehrveranstaltungen? In der Regel, um den Leistungsnachweis zu erhalten und möglichst eine gute Note. Wie muss Ihr Referat oder Ihre Präsentation beschaffen sein, damit Sie dieses Ziel erreichen? Sie müssen dem Dozenten demonstrieren, dass Sie das Thema verstanden haben und verständlich vermitteln können. Das Thema ist Teil des Stoffes des Lehrveranstaltung und daher entweder vorgegeben oder aus einem vorgegebenen Katalog wählbar. Ziel der Präsentation ist meist, das Publikum über ein bestimmtes Thema zu informieren. Überzeugen, motivieren, verkaufen – das kommt in diesem Kontext nicht sehr häufig vor. Das ‚eigentliche' Ziel, den Leistungsnachweis und die Note, erreichen Sie also über das ‚Scheinziel' der Information. (‚Scheinziel' könnte man natürlich auch doppeldeutig verstehen – als Anschein und als ‚Schein', sprich Leistungsnachweis).

Verständlich vermitteln heißt, Themen abgestimmt auf einen bestimmten Publikumshorizont vermitteln. Doch nicht nur das Ziel, auch das Publikum ist ‚doppelt': der Dozent und die Kommilitonen. Vom Ziel des Leistungsnachweises her gesehen ist das ‚eigentliche' Publikum der Dozent, denn er vergibt die Note. Sein Vorwissen zum Thema wird in der Regel größer sein als das Ihre, aber das wird er während der Präsentation eher zurückhalten. Sein Interesse gilt nicht in erster Linie dem Thema, sondern der Frage, ob Sie das Thema verstanden haben und verständlich vermitteln. Um dieses ‚Scheinziel' zu erreichen, benötigen Sie ein ‚Scheinpublikum' – Ihre Kommilitonen. Deren Vorwissen zum Thema Ihrer Präsentation ist in der Regel geringer als das Ihre, das Interesse am Thema Ihrer Präsentation wird – je nach Person und Interesse – unterschiedlich ausfallen. Grundsätzlich können Sie jedoch davon ausgehen, dass alle Anwesenden etwas vom Thema des Seminars verstehen und ein gewisses Interesse daran haben. Bei einer solchen ähnlichen Ausgangssituation spricht man von einem homogenen Publikum.

Das ‚doppelte' Publikum

Meist ist ein Zeitrahmen vorgegeben, der nicht überzogen werden soll. Das ist kein Problem, denn mit unfreundlichen Kommentaren und störenden Aktionen des Publikums brauchen Sie in der Regel nicht zu rechnen. Entweder die Kommilitonen unterlassen solche Störungen ohnehin (in der Hoffnung, dass Sie ihrem Vortrag die gleiche Rücksicht angedeihen lassen) oder der Dozent unterbindet Störungen. Eine Ausnahme bilden Trainings, in denen Sie üben können, mit Störungen elegant fertig zu werden. Umgekehrt steht Ihnen dieser Zeitrahmen aber auch voll und ganz auch zu Ihrer Verfügung und wird nicht verkürzt – das wird im Berufsleben anders sein.

Fixer Zeitrahmen

Der didaktische Zweck überlagert also solche Präsentationssituationen. Für das Studium zählt natürlich die Note. Doch aus der Perspektive ‚Nicht für die (Hoch-)Schule lernen wir, sondern fürs Leben' bedeuten Präsentationen in Seminaren einen nicht zu unter-

Der Vorteil

schätzenden Vorteil: Hier können Sie in einem geschützten Raum eine Kommunikationsform trainieren, die Sie später im Beruf gut werden einsetzen können.

2 Präsentationen im Beruf

Die Ziele

Wodurch unterscheiden sich nun Präsentationen im Beruf von Referaten im Studium? Womit müssen Sie rechnen, wenn Sie zum ersten Mal vor Ihre Vorgesetzten, vor Kolleginnen und Kollegen treten, um zu präsentieren? Oder wenn Sie zum ersten Mal den Auftrag erhalten, für jemanden eine Präsentation vorzubereiten? Das Offensichtliche zuerst: Es gibt keine Noten. Aber das heißt nicht, dass es nur um das Thema und um sonst nichts geht. Es geht immer auch um den Eindruck, den man macht. Mit einer gelungenen Präsentation empfehlen Sie sich möglicherweise für interessante Aufgaben, für eine Beförderung, für ein höheres Gehalt. Dies gilt auch für Ihr Gegenüber – Ihr Vorgesetzter will sich möglicherweise auch einen Eindruck von Ihren Fähigkeiten verschaffen (,Wie tritt er/sie auf? Welches Entwicklungspotenzial ist zu erkennen?'). Zwar würde es etwas zu weit gehen, diese Effekte als das ,eigentliche' Ziel jeder Präsentation anzusehen, doch spielen sie immer eine Rolle.

Informieren

In erster Linie wollen – und müssen – Präsentationen im Beruf tatsächlich informieren. Information ist also kein ,Scheinziel', sondern ein echtes Ziel. Das liegt am Publikum, das nur in den seltensten Fällen über ein ähnliches Vorwissen verfügt wie der Präsentierende (dazu gleich mehr).

Überzeugen

Das Ziel der Information reicht allerdings in vielen Fällen nicht aus. Eine viel größere Rolle als im Studium spielt das Ziel der Motivation, der Überzeugung im weitesten Sinn. Einige Beispiele: Sie wollen als Mitglied einer Abteilung die Kollegen von einer Idee überzeugen, als Chef die Mitarbeiter zu einer neuen Haltung motivieren, als Verkäufer die Kunden von einem Produkt begeistern, als Experte die Geschäftsleitung zu einer Entscheidung bewegen. Das schaffen Sie nicht, wenn Sie nüchtern die Idee, das Produkt beschreiben, in der Hoffnung, die Vorteile sprächen für sich selbst. Das müssen Sie mit Ihrer Präsentation leisten. Stärker als bei informationsorientierten Präsentationen kommt es darauf an, den Nutzen für die Beteiligten herauszustellen und mögliche Befürchtungen der Betroffenen zu entkräften.

Zeit ist Geld und daher knapp. Je höher Vorgesetzte in der Hierarchie stehen, desto bestimmter bestehen sie auf zielorientierter Kommunikation (jedenfalls in sachorientierten Kulturen wie der deutschen). Bevor Sie Ihre Folien zeigen und in aller Ruhe erklären können, kann es Ihnen schon einmal passieren, dass Ihr Gegenüber Sie fragt: „Können Sie mir in drei, vier Sätzen zusammenfassen, was die wichtigsten Ergebnisse Ihrer Präsentation sind?" Oder es kommt vor, dass Ihr Publikum aufgrund anderer Termine die Sitzung vorzeitig verlassen muss und Sie nur die Hälfte oder ein Drittel der ursprünglich eingeplanten Zeit zur Verfügung haben.

Flexibler Zeitrahmen

Daher heißt es bei Präsentationen im beruflichen Kontext: Klare Aussagen sind erwünscht, ja gefordert. Dies gilt auch für die Folien: Sie dürfen gerne eine Aussage als Titel tragen, nicht nur ein Stichwort. Das Argument, das häufig gegen (Powerpoint-)Präsentationen angeführt wird, sie böten die gleiche Information auf drei Kanälen (Vortrag, Rede, ausgeteilte Unterlage) und trügen so zur Desorientierung des Publikums bei, zieht nicht. Im beruflichen Kontext wollen die Empfänger selbst darüber bestimmen, auf welchem Kanal sie die Information aufnehmen, und der Präsentierende tut gut daran, diese Erwartung nicht zu enttäuschen. Bei Vorlesungen an Hochschulen gilt mittlerweile das gleiche Prinzip. Nur publikumswirksame Vorträge gehorchen anderen Regeln – hier steht eher die wirksame Inszenierung des Redners im Vordergrund, der seinen Auftritt nicht durch zu viele Parallelmedien schwächen sollte.

Aussagen statt Stichworte

Gleichgültig, vor wem Sie präsentieren – ob innerhalb einer Abteilung, in einer Projektgruppe oder vor der Geschäftsleitung: In der Regel können Sie nicht davon ausgehen, dass das Publikum über den gleichen Hintergrund und das gleiche Vorwissen wie Sie verfügt. In den meisten Fällen sitzt Ihnen ein heterogenes Publikum gegenüber. Die Verständnishürden, die sich aus unterschiedlichen Fachhintergründen ergeben, sollte man nicht unterschätzen (gerne zitiert werden beispielsweise die Unterschiede zwischen technikorientierten Ingenieuren und zahlenorientierten Controllern). Verständliche Information, gepaart mit überzeugenden Argumenten, ist daher ein Muss. Das bedeutet zum Beispiel: Der Computerexperte sollte die neue Software so erklären und ihre Vorteile für die Kollegen so ins Licht rücken, dass er den Controller (der BWL studiert hat) und die Chefin der Abteilung (die Germanistik studiert hat) mit seiner Präsentation überzeugt. Denn sie werden darüber entscheiden, ob die erforderlichen Investitionen getätigt werden.

Häufig heterogenes Publikum

Rolle der Hierarchie

Vielleicht ist es etwas vermessen, von Seminaren als einem relativ hierarchiefreien Ort in unserer Gesellschaft zu sprechen. Im Vergleich zum beruflichen Kontext ist dies aber auf jeden Fall gerechtfertigt. Egal, wie schlank und hierarchiefrei sich ein Unternehmen präsentiert – Hierarchie bestimmt die Zusammenarbeit und die Kommunikation in jedem Unternehmen. Selbst die Startup-Unternehmen des ersten Internet-Booms mussten dies – mitunter schmerzhaft – erfahren. Dabei ist die offizielle Hierarchie (‚Wer ist mein Chef?‘) noch am einfachsten zu bestimmen; schwieriger zu erkennen, doch ebenso so wichtig sind die inoffiziellen Machtverhältnisse (Wer sind die ‚grauen Eminenzen‘? In welchem Verhältnis stehen die Chefs verschiedener Abteilungen?). Schneller als einem lieb ist, kann man als Berufsanfänger in Fettnäpfchen treten – auch in Präsentationen. Hier hilft es, einem erfahrenen Kollegen die Präsentation zu zeigen, der aus seiner Erfahrung heraus auf mögliche Fallstricke aufmerksam machen kann.

Offene und verdeckte Interessen

Im Seminar hat jeder Teilnehmer das gleiche Interesse: etwas zu lernen und eine gute Note zu erhalten. Interessen spielen auch im Beruf eine Rolle – aber sie sind ungleich komplexer strukturiert. Offene Interessen sind leicht erkennbar, weil kommunizierbar und vertretbar: Der Controller will nicht, dass das Budget überzogen wird; der Computerexperte will die bestmögliche Lösung etc. Schwieriger zu lokalisieren sind die verdeckten Interessen, die so genannte ‚hidden agenda‘. Dass es sie gibt, merkt man häufig daran, dass Diskussionen sich im Kreis drehen, dass Argumente mit fadenscheinigen Gegenargumenten entkräftet werden, Entscheidungen nicht getroffen werden. Das ist häufig ein Zeichen dafür, dass die ‚eigentlichen‘ Themen unter der Hand verhandelt werden – Themen, die die Beteiligten nicht offen ansprechen können oder wollen. Das können sachbezogene Interessenskonflikte sein, Konflikte zwischen Abteilungen oder Hierarchieebenen oder auch persönliche Konflikte. In jedem Fall können sie die Präsentation zum Scheitern bringen. Sie als Präsentierender können zwar Ihr Bestes tun, solche Komplikationen vorauszusehen und nach Möglichkeit in Ihrer Präsentation zu umschiffen, ganz gefeit sind Sie nie dagegen. Ein kleiner Trost: Ihren Kolleginnen und Kollegen kann das Gleiche passieren.

Auftragsarbeiten unter Zeitdruck

Wenn Sie sich für ein Seminar entscheiden, wissen Sie meist im Voraus, welche Leitungsnachweise verlangt werden – zum Beispiel eine Präsentation. Je nach Studium und Fach können Sie das Thema nach Ihren Vorstellungen ausarbeiten und sich im besten

Fall genügend Zeit dafür nehmen. Neben den Präsentationen, die Sie im Beruf in Eigenregie erstellen und halten werden (und daher auch entsprechend planen können), kann Ihnen aber auch folgendes widerfahren: Sie sitzen montags an Ihrem mehr oder weniger aufgeräumten Schreibtisch, auf dem sich die Aufgaben für die nächsten Tage stapeln. Das Telefon läutet, Sie nehmen ab und am Apparat ist Ihr Chef: „Herr/Frau Mustermann, Sie wissen doch, nächsten Montag findet das Treffen mit der Geschäftsleitung statt, bei dem ich unser neues Produkt vorstellen werde. Können Sie mir bitte eine Präsentation vorbereiten, so etwa 10 bis 15 Seiten, auf denen das Produkt dargestellt wird, wie weit wir damit sind, wann mit der Markteinführung zu rechnen ist, welche Mittel wir noch benötigen und so weiter. Ich brauche Ihren Entwurf bis Freitag, dann sehe ich ihn mir am Wochenende an." Das heißt: Präsentationen sind häufig Auftragsarbeit, werden unter Zeitdruck erstellt und von anderen gehalten. Um unnötige Arbeit für sich und Frustration für beide Seiten zu vermeiden, kommt es darauf an, den Auftrag genau abzuklären und die Folien während der Erstellung mit dem Auftraggeber abzustimmen. So lassen sich Nacht- und Wochenendschichten wenn nicht ganz vermeiden, so doch reduzieren. Für solche Situationen (aber nicht nur für diese) stellt dieses Buch eine erprobte Methode vor, wie man Präsentationen strukturiert und zeitsparend erarbeitet.

Präsentationen in Teamarbeit

Auf Abstimmung und einen strukturierten Prozess kommt es vor allem dann an, wenn neue Themen als Präsentation im Team erarbeitet werden. Das kommt immer dann vor, wenn Wissen aus verschiedenen Abteilungen und von verschiedenen Experten einfließen soll – also sehr häufig. Projektarbeit ist heute die Regel in Unternehmen – und schon von daher sind die Referate und Präsentationen, die Sie im Studium in Teams erstellt haben, eine gute Vorbereitung auf das Berufsleben.

3   Präsentationen als Medium der Kommunikation

Vorbemerkung

Mit Kommunikation haben sich nahezu alle Geistes-, Sozial- bzw. Kulturwissenschaften sowie einige Natur- und Technikwissenschaften beschäftigt. Dieses Kapitel verfolgt vor allem zwei Ziele: Zum einen sollen aus den bekanntesten modernen Kommunikationstheorien hilfreiche Kriterien gewonnen werden, mit denen sich das Thema ‚Präsentation' strukturieren lässt. Zum anderen wird die

Gelegenheit genutzt, das Thema sozusagen zu ‚präsentieren' – d. h. gleichzeitig als Text und als Präsentation darzustellen – und damit zu illustrieren, wie eine Präsentation aussehen könnte.

> **Kommunikation ist die Übermittlung einer Nachricht von einer Nachrichtenquelle zum Nachrichtenziel**

Transport-Modell

Eine der grundlegenden Definitionen von Kommunikation stammt aus der Nachrichtentechnik: das so genannte Transport-Modell. Nach diesem Modell ist Kommunikation die Übermittlung einer Nachricht von einer Nachrichtenquelle zum Nachrichtenziel. 1949 suchten die Mathematiker CLAUDE SHANNON und WARREN WEAVER im Auftrag einer US-amerikanischen Telefongesellschaft nach einer Möglichkeit, Telefongespräche störungsfrei zu übermitteln. Dabei befassten sie sich ausdrücklich nur mit der technischen Seite der Nachrichtenübermittlung und beschrieben diese wie folgt: Eine Nachrichtenquelle gibt eine Nachricht ab, die von einem Sender nach einem gebräuchlichen Code in ein Signal umgeformt wird, das für den Übertragungskanal geeignet ist. Dieses Signal wird über den Übertragungskanal dem Empfänger übermittelt (‚transportiert'). Der Übertragungskanal ist der materielle Träger der Kommunikation. Allerdings funktioniert die Übertragung nie ganz perfekt: ‚Rauschen' im Kanal (z. B. Störgeräusche) beeinträchtigt die Übermittlung der Nachricht. Der Empfänger wandelt das empfangene Signal wieder in eine Nachricht um – dann ist das Nachrichtenziel erreicht.

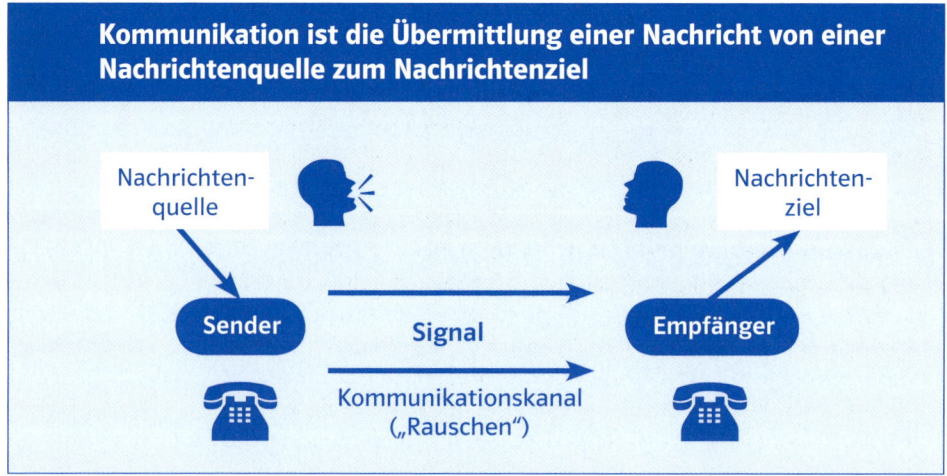

(nach SHANNON & WEAVER 1949)

An einem Beispiel werden Reichweite und Grenzen des Modells deutlich: Sie greifen zum Telefonhörer, rufen Ihren Freund an und verabreden sich mit ihm zum Essen. Nach dem Transportmodell sind Sie die Nachrichtenquelle, Ihr Telefon ist der Sender und die Telefonleitung der Übertragungskanal. Das Telefon Ihres Freundes ist der Empfänger und Ihr Freund das Nachrichtenziel. Die Nachricht besteht aus Schallwellen, diese werden über eine Membran in elektrische Signale umgewandelt und über die Telefonleitung übermittelt. Nach diesem Modell ist es unerheblich, ob Nachrichtenquelle und das Nachrichtenziel ein Mensch, ein Tier oder eine Maschine ist. Auch vernachlässigt es die Bedeutung der übermittelten Nachricht vollständig, da es ausdrücklich auf die technische Seite der Signalübermittlung beschränkt ist. (Anmerkung: In der Präsentation erscheinen die beiden Figuren sowie die beiden Telefone erst auf Mausklick, und zwar, wenn das Beispiel erläutert wird.)

Beispiel

> **Menschliche Kommunikation ist die Übermittlung einer Nachricht vom Sender zum Empfänger**

Die Begriffe ‚Sender‘ und ‚Empfänger‘ waren so griffig, dass sie übernommen und das Modell für die menschliche Kommunikation erweitert wurde. Das modifizierte Modell verzichtet auf den Ausdruck ‚Nachrichtenquelle‘ und setzt stattdessen den Sender an den Ausgangspunkt und statt ‚Nachrichtenziel‘ den Empfänger an den Endpunkt. Menschliche Kommunikation ist also die Übermittlung einer Nachricht vom Sender zum Empfänger.

Sender und Empfänger

Damit rückt die Übermittlung der Bedeutung in den Mittelpunkt. Neu sind die beiden Schritte ‚kodieren‘ und ‚dekodieren‘ der Nachricht: ‚Kodieren‘ bedeutet, dass der Sender seine Nachricht mit Hilfe eines vorgegebenen Codes (z. B. einer Sprache) in ein Signal umwandelt, das der Empfänger unter Zuhilfenahme des gleichen Codes wieder in eine Nachricht zurückverwandelt (‚dekodiert‘). Nach diesem erweiterten Modell wird der Sender als Urheber von Kommunikation aufgefasst. Auch der Empfänger spielt – durch das Dekodieren der Nachricht – eine aktive Rolle. Allerdings treten Sender wie Empfänger nur in ihrer Funktion als Kommunikatoren in Erscheinung. Ihre Motive und Ziele sowie ihr sozialer und kultureller Hintergrund rücken erst in psychologischen und soziologischen Theorien in den Blick.

Kodieren und dekodieren

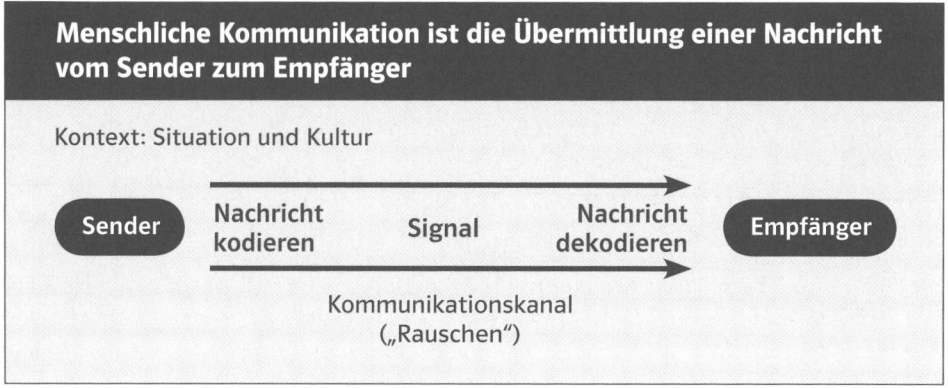

Menschliche Kommunikation ist die Übermittlung einer Nachricht vom Sender zum Empfänger

Kontext: Situation und Kultur

Sender — Nachricht kodieren — Signal — Nachricht dekodieren — Empfänger

Kommunikationskanal („Rauschen")

(nach PASCHEN 1974)

> Menschliche Kommunikation erfordert einen gemeinsamen Zeichenvorrat (Code) von Sender und Empfänger

Code

Geschieht diese Übermittlung störungsfrei und verfügen Sender und Empfänger über einen gemeinsamen Code, ist die Kommunikation gelungen. ‚Code' bedeutet sowohl das Zeichenrepertoire wie auch die Zuordnungsregeln, nach denen Zeichen ausgewählt und zugeordnet werden. Gemeinsamer Code heißt, dass Sender und Empfänger zwar über ein jeweils eigenes Zeichenrepertoire verfügen, doch die beiden Codes sich überschneiden. Nur wenn es eine gemeinsame Schnittmenge gibt, kann die Kommunikation gelingen. Codes sind Sprachen (Deutsch, Englisch etc.), aber auch Dialekte, Soziolekte und Fachsprachen. Codes können auch Zeichensysteme sein – zum Beispiel Visualisierungen wie diese Folien.

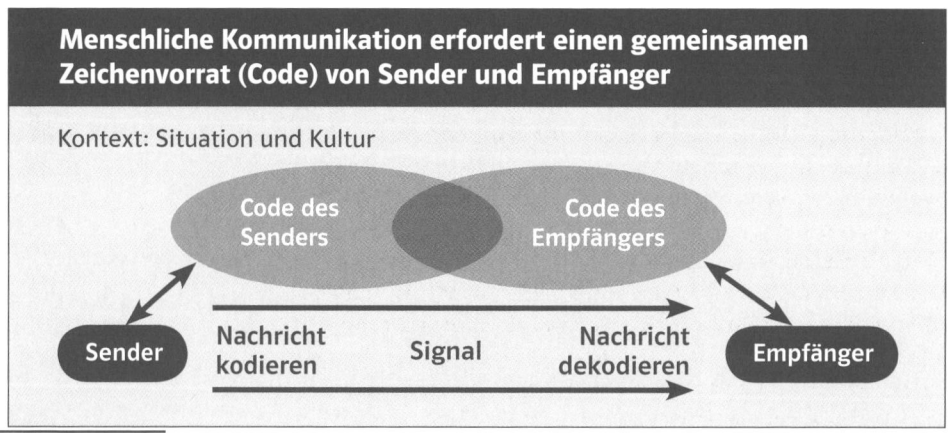

Menschliche Kommunikation erfordert einen gemeinsamen Zeichenvorrat (Code) von Sender und Empfänger

Kontext: Situation und Kultur

Code des Senders — Code des Empfängers

Sender — Nachricht kodieren — Signal — Nachricht dekodieren — Empfänger

> **Sprachliche Zeichen sind allerdings mehrdeutig – Bilder können manche Vorstellungen eindeutiger vermitteln**

Sind schon die Codes nicht deckungsgleich, kommt noch hinzu, dass auch die sprachlichen Zeichen, aus denen sich die Nachricht zusammensetzt, selbst mehrdeutig sind. Nach FERDINAND DE SAUSSURE, der eine allgemeine Theorie der Sprache als Zeichensystem begründete, verknüpfen sprachliche Zeichen ein Lautbild mit einer Vorstellung. Diese Beziehung ist nicht naturgegeben, sondern arbiträr und konventionell. Daher kann eine Pflanze von gewisser Höhe auf Deutsch ‚Baum‘ und auf Lateinisch ‚arbor‘ heißen. Manche Vorstellungen – beispielsweise ein Baum – können durch Bilder schneller und eindeutiger vermittelt werden als durch sprachliche Zeichen – ein Vorteil, der für visuell gestützte Präsentationen spricht.

Zeichen

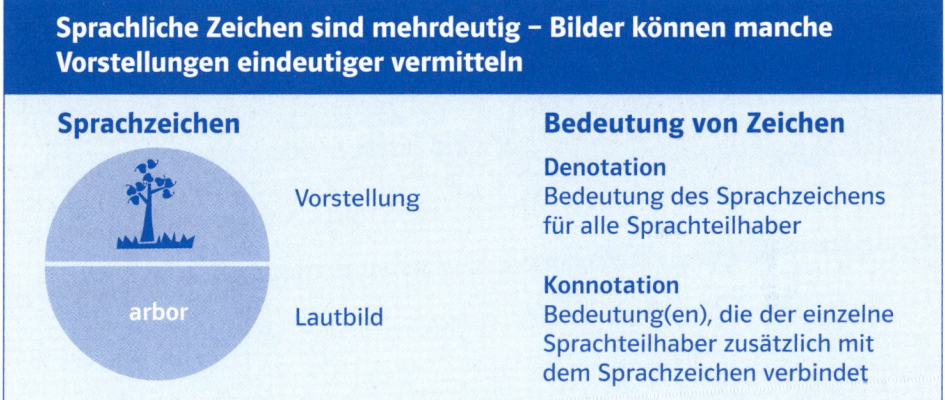

(nach DE SAUSSURE 1971)

Die Semantik, die Lehre von der Bedeutung der (sprachlichen) Zeichen, unterscheidet zusätzlich noch zwischen Denotation und Konnotation. Dabei ist unter Denotation die Bedeutung des Sprachzeichens für alle Sprachteilhaber zu verstehen, unter Konnotation jene Bedeutung(en), die der einzelne Sprachteilhaber zusätzlich mit dem Sprachzeichen verbindet. Das Wort ‚Präsentation‘ hat demnach für die meisten Menschen heute die Denotation ‚Situation, in der jemand etwas präsentiert‘ und ‚präsentierte Unterlagen‘. Welche Vorstellungen sie darüber hinaus mit der Ankündigung „Ich werde jetzt eine Präsentation halten“ verknüpfen, die Konnotationen also, können von ‚ziemlich langweilige Veranstaltung‘ bis zu ‚ein Medium, das systematisch verdummt‘ (TUFTE 2006) reichen.

Denotation und Konnotation

> **Wer eine Präsentation hält, spricht den Empfänger über mehrere Kanäle an – ‚Rauschen' kann immer stören**

Kanal oder Medium

Im nachrichtentechnischen Modell ist der Kanal der materielle Träger der Kommunikation, das Mittel (‚Medium'), das die Kommunikation ermöglicht. Drei Erkenntnisse aus der Nachrichtentechnik spielen auch für menschliche Kommunikation eine Rolle:

▶ Erstens müssen die übermittelten Signale zum Kanal passen, sonst gelingt die Transmission nicht. So lassen sich beispielsweise Bilder nicht über das Telefon übermitteln.

▶ Zweitens ist die Kapazität jedes Kanals begrenzt. Mehr als eine gewisse Anzahl von Signalen pro Zeiteinheit sind nicht transportierbar.

▶ Drittens kann ‚Rauschen' die Kommunikation immer stören. Als ‚Rauschen' werden Störgeräusche im Kanal bezeichnet.

Wer eine Präsentation hält, spricht den Empfänger über mehrere Kanäle an – „Rauschen" kann immer stören

Kanal Sender – Empfänger	Beispiele	Beispiele für „Rauschen"
Akustischer – auditiver	Stimme, Klang	Zu laute oder zu leise Stimme, Lärm, Reden von anderen Leuten
Optischer – visueller	Mimik, Gestik, (PPT-)Präsentation	„Ticks" des Redners, überladene Präsentation, beide nicht im Einklang
Kinetischer – taktiler	Berührung, Demonstrationsobjekt	Zu kleiner Raum, Zuhörer sitzen eng gedrängt
Chemischer – olfaktorischer, gustatorischer	Geruch, Geschmack	Aufdringliches Parfüm, Essensgerüche kurz vor 12 Uhr
Thermischer – thermaler	(Körper-)Wärme	Zu naher Körperkontakt, 40 Grad im Schatten

Mehrere Kanäle

Wer eine Präsentation hält, spricht den Empfänger über mehrere Kanäle an: vor allem über den akustischen und den optischen Kanal, möglicherweise über den kinetischen Kanal, wenn er Demonstrationsobjekte einsetzt. Der chemische und thermische Kanal hingegen sind nach Möglichkeit zu neutralisieren (Körpergerüche, Körperwärme). Damit wird deutlich, wo die Herausforderungen liegen: zum einen in der ‚Konkurrenz‘ von Redner und Präsentation auf dem optischen/visuellen Kanal, zum anderen in der Tatsache, dass auf allen Kanälen Störungen die Aufmerksamkeit des Publikums torpedieren können. Einige dieser möglichen Störungen sind hier aufgeführt.

> **Kommunizieren ist immer auch Handeln – Jede Nachricht hat vier Seiten**

Jedes Sprechen ist immer auch Handeln, darin sind sich linguistische Pragmatik und Psychologie einig. Aufbauend auf dem Organon-Modell der Sprache von KARL BÜHLER (Sprache als Werkzeug mit drei Funktionen) und den Axiomen der Kommunikation von PAUL WATZLAWICK („Man kann nicht *nicht* kommunizieren" und „Jede Kommunikation hat einen Inhalts- und einen Beziehungsaspekt" (WATZLAWICK 1974: 53 und 56) hat der Hamburger Psychologe FRIEDEMANN SCHULZ VON THUN sein „Nachrichten-Quadrat" entwickelt. Jede Nachricht hat „vier Seiten" (SCHULZ VON THUN 1981: 14), das heißt jede Äußerung enthält vier Botschaften: eine Sachinformation (worüber ich informiere), eine Selbstkundgabe (was ich von mir zu erkennen gebe), einen Beziehungshinweis (was ich von meinem Gegenüber halte und wie ich zu ihm stehe) und einen Appell (was ich bei ihm erreichen möchte). Das heißt: Jeder Sender spricht sozusagen ‚mit vier Mündern‘. Das ist schon komplex genug.

Pragmatische Modelle

Kommunizieren ist immer auch Handeln – Jede Nachricht hat vier Seiten

Sachinformation

Appell

Sender → Nachricht → Empfänger

Selbst-kund-gabe

Beziehungshinweis

(nach SCHULZ VON THUN 1981)

> **Der Empfänger entscheidet, welche Nachricht er ‚heraushört'**

„Vier Ohren"

Doch wird es noch komplizierter. Jeder Empfänger hört auch ‚mit vier Ohren': dem Sach-Ohr, dem Beziehungs-Ohr, dem Selbstkundgabe-Ohr und dem Appell-Ohr. Ob die Aussage „Monika, es zieht" als Feststellung, als Anklage oder als Aufforderung verstanden wird, liegt nicht in der Hand des Senders. Denn es ist der Empfänger, der entscheidet, welche Nachricht er ‚heraushört'. Manche Empfänger haben besondere Vorlieben ausgeprägt und hören vorzugsweise auf einem bestimmten Ohr.

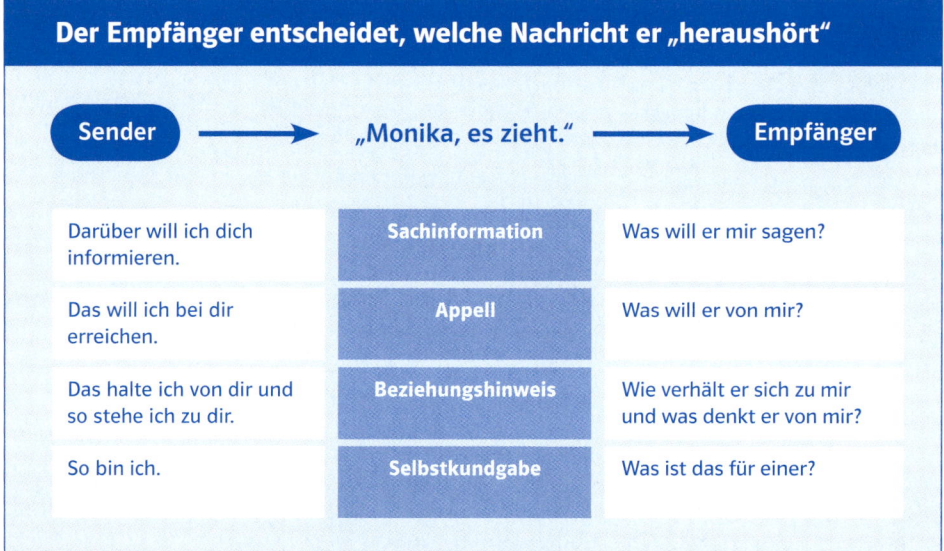

> **Eine klare Nachricht und der passende Kanal erhöhen die Chance auf positives Feedback**

Feedback

Eine Schwäche des Modells ist, dass es die aktive Rolle des Empfängers vernachlässigt. Es beleuchtet Kommunikation als linearen Prozess und trägt ihrer Reziprozität allenfalls dadurch Rechnung, dass Sender und Empfänger ihre Rollen kontinuierlich tauschen. Feedback ist ein besonderer Fall eines solches Rollentauschs: Hier erhält der Sender eine bewusste Auskunft darüber, wie seine Nachricht ankommt. Der Begriff stammt ursprünglich aus der elektrischen Schalttechnik und bezeichnet Regelkreisläufe, die sich selbst

regulieren, indem das Ausgangssignal eines Prozesses das Eingangs-
signal beeinflusst. Präsentationen sind interaktive Formen der
Kommunikation, interaktiver als Vorträge vor großem Publikum.
Feedback während der Präsentation – ob zustimmend, kritisch oder
ablehnend – gehört immer dazu.

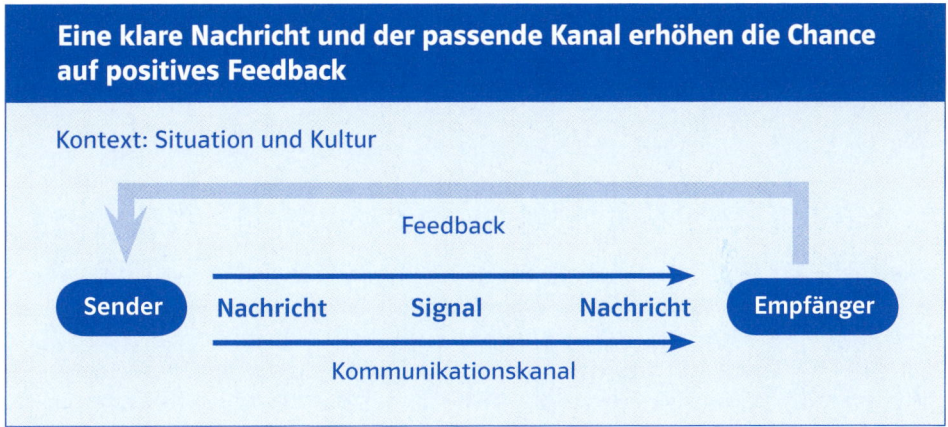

Eine klare Nachricht und der passende Kanal erhöhen die Chance auf positives Feedback

Kontext: Situation und Kultur

Feedback

Sender — Nachricht — Signal — Nachricht — Empfänger

Kommunikationskanal

Das Modell deutet an, dass der Kommunikationsprozess in einen **Kontext**
situativen und kulturellen Kontext eingebettet ist. Dieses weite Feld
wird durch kulturwissenschaftliche Modelle beleuchtet. Besonders
die kulturspezifische Dimension von Kommunikation hat im Zeit-
alter der Globalisierung an Bedeutung gewonnen.

Dieses Buch berücksichtigt Präsentationssituationen, wie sie ty- **Situation**
pischerweise in der westlichen (speziell der deutschen) Kultur
vorkommen. Um unzulässigen Verallgemeinerungen vorzubeugen,
sollen an dieser Stelle einige Hinweise zur Einordnung der deutschen Präsentationskultur gegeben werden.

Die Forschung zur interkulturellen Kommunikation und Koopera- **Kultur**
tion untersucht unter anderem, ob es grundlegende „Kulturdimensionen" gibt. Kulturdimensionen sind Grunddimensionen menschlichen Verhaltens; nach ihnen lassen sich die Kulturen der Welt
beschreiben und einordnen. Die bekanntesten Modelle stammen
von GEERT HOFSTEDE, EDWARD T. HALL und FONS TROMPENAARS.

Für HALL (1985; 1990) bilden Raum, Zeit und Kommunikation **Kultur-**
die grundlegenden Dimensionen menschlichen Zusammenlebens. **dimensionen**
Für diese Bereiche muss jede Kultur ihre jeweils gültigen Standards

ausbilden – die Kulturdimensionen. Der Bereich der Kommunikation lässt sich nach Hall mit der Kulturdimension „Kontextorientierung" beschreiben. In „High-Context"-Kulturen wird nur ein Bruchteil der Information in der explizit formulierten Aussage übermittelt. Ein hoher Teil der Information ist bereits implizit in den anwesenden Personen, ihrem Status und ihren Beziehungen zueinander enthalten. In „Low-Context-Kulturen" hingegen spielt das Beziehungsgeflecht keine so große Rolle, entsprechend müssen Aussagen expliziter sein und ein höheres Maß an Informationen enthalten. Als extrem stark ausgeprägte „High-Context-Kultur" gilt Japan (nach einer Skala von 1987) – als extrem stark ausgeprägte „Low-Context-Kultur" Deutschland (und die deutschsprachige Schweiz).

Kulturstandards

In eine ähnliche Richtung zielt die Untersuchung von „Kulturstandards". Kulturstandards sind „Arten des Wahrnehmens, Denkens, Wertens und Handelns, die von der Mehrzahl der Mitglieder einer bestimmten Kultur für sich und andere als normal, typisch und verbindlich angesehen werden." (THOMAS 2003: 25) Kulturstandards dienen dazu, Verhalten zu beurteilen und zu regulieren. Das Verhalten kann zwar in gewissem Maße variieren, weicht es aber zu stark vom Erwarteten ab, wird es von der sozialen Umwelt abgelehnt und sanktioniert.

Deutsche Kulturstandards

Als deutsche Kulturstandards (SCHROLL-MACHL 2003) gelten in der Kommunikation hohe Sachorientierung und geringe Kontextorientierung. Das heißt: Deutsche pflegen einen sehr direkten und expliziten Kommunikationsstil. Sie kommen schnell zur Sache und auf den Punkt; formulieren klar und deutlich, was sie meinen, und äußern Fragen und Kritikpunkte direkt (‚im Sinne der Sache'). Sie nehmen die Dinge im wahrsten Sinn des Wortes ‚wörtlich' – es zählt das gesprochene Wort und nur dieses. Implizite oder nonverbale Botschaften werden leicht überhört oder gar nicht wahrgenommen. Dieser Kommunikationsstil wird von Mitgliedern anderer Kulturen im ungünstigsten Fall als undiplomatisch, unfreundlich oder ungeschickt empfunden.

Der in diesem Buch vorgestellte Präsentationsstil ist unbestreitbar sachorientiert – in Deutschland funktioniert er in der Regel gut. Für Präsentationen in anderen Kulturen (wie Frankreich, China, den lateinamerikanischen Ländern oder selbst den USA) gibt es spezielle Literatur. Auf einige besonders gravierende Unterschiede zu Präsentationsstilen anderer Kulturkreise wird im Verlaufe des Buches hingewiesen. Einen Überblick über interkulturelle Kompetenzen gibt der gleichnamige Band in dieser Reihe (ERLL & GYMNICH 2007).

Nachtrag: Zur Kritik an (Powerpoint-)Präsentationen

Abschließend noch ein Wort zur Kritik an (Powerpoint-)Präsentationen. Unter dem Motto „PowerPoint is evil. Power corrupts. Powerpoint corrupts absolutely" vertritt EDWARD R. TUFTE die These, dass das Medium Powerpoint-Präsentation seine Benutzer systematisch verdummt und die Qualität und Glaubwürdigkeit jeder Präsentation mindert (TUFTE 2003). Seiner Meinung nach stellen Standard-Powerpoint-Präsentationen die Form systematisch über den Inhalt und machen aus jedem Vortrag eine Werbeveranstaltung. Das vorgegebene Format der Aufzählungspunkte und die begrenzten Möglichkeiten der statistischen Grafik vereinfachten komplexe Inhalte in unzulässiger Weise und führten im schlimmsten Fall zu fatalen Konsequenzen. Letzteres demonstriert er ausführlich am Beispiel der Folien, die beim Absturz der Columbia-Raumfähre 2003 eine Rolle spielten. TUFTE weist zu Recht auf die Begrenzungen des Programms bei der Darstellung von statistischen Daten hin (auf Details wird hier im Kapitel „Visualisieren" eingegangen). Allerdings zieht er durchaus gewagte Vergleiche: Seine Broschüre *The cognitive style of Powerpoint* zeigt einen Truppenaufmarsch vor einer Statue von Stalin. Die Truppen sind blockweise angeordnet, ähneln den bekannten Aufzählungszeichen des Grafikprogramms und über ihnen schwebt der durch eine Sprechblase visualisierte Gedanke: „There's no bullet list like Stalin's bullet list!" (TUFTE 2003 und 2006).

Edward Tufte

„Präsentieren Sie noch oder faszinieren Sie schon?" Unter diesem erkennbar variierten Werbespruch verkauft ein Rhetorik-Trainer seine neuesten Erkenntnisse über den „Irrtum Powerpoint" (PÖHM 2006). An zahlreichen Beispielen seiner Beratung demonstriert er den erfolgreichen Einsatz eines Mediums, mit dem sich Kompetenz und Überzeugungskraft weitaus überzeugender vermitteln lassen: des Flipcharts.

Irrtum Powerpoint?

Entspannter nimmt es die Gemeinde der Computer-Freaks und Kreativen. Seit Januar 2006 gibt es eine neue Kunstform in Deutschland, entwickelt von der ZENTRALEN INTELLIGENZ AGENTUR in Berlin: Powerpoint-Karaoke. Wie beim richtigen Karaoke geht es darum, aus einem vorgegebenen Stück etwas Eigenes zu machen. Vorgegeben sind aus dem Internet gefischte und frei verfügbare

Powerpoint-Karaoke

Präsentationen zu Themen wie ‚Erfolgsfaktor Dienstleistung für Dentallabore' oder ‚Innovative Verfahrenstechnik im chemischen Reinigungsprozess'. Mutige Interpreten aus dem Publikum versuchen sich daran, aus dem Stegreif zu den gezeigten Folien zu sprechen. Was sie sagen, ob es zu den Folien passt, ist sekundär. Wer am überzeugendsten blufft, wird am Ende von der Jury zum Sieger gekürt. Powerpoint als Pop, sozusagen.

Pragmatische Position

Die ernstzunehmende bis überzogene Kritik und die Ironisierung als Parodie zeigen: Powerpoint teilt das Schicksal vieler Medien, die im Laufe ihrer Entstehungs- und Wirkungsgeschichte für inhaltsleere oder manipulative Kommunikation verantwortlich gemacht wurden und werden. Dieses Buch vertritt eine nüchternere Position: Jedes Medium kann unbeholfen eingesetzt und im schlimmsten Fall zur Irreführung und Manipulation missbraucht werden. Bezeichnend ist, welche Beispiele bei solcher Kritik herangezogen werden. Häufig setzen Powerpoint-Kritiker berühmte Reden in Form von Powerpoint-Präsentationen um – mit dem Ziel, die Defizite des visuellen Mediums und die Überlegenheit der mündlichen Rede zu demonstrieren. Dabei werden allerdings immer positiv besetzte Reden verwendet (Abraham Lincolns Gettysburg-Rede oder Martin Luther Kings „I have a dream"). Negativbeispiele wie Goebbels' Rede „Wollt ihr den totalen Krieg?" sind bislang noch nicht als Powerpoint-Parodie aufgetaucht. Möglicherweise würde sich hier die Zuschreibung ‚gut/böse' zugunsten des visuellen Mediums umkehren.

4 Vom Auftrag zur Präsentation in sechs Schritten

Präsentations-kompetenzen

Aus der Sicht des Praktikers lässt sich der Prozess von der Planung bis zur Nachbereitung einer Präsentation in sechs Schritte unterteilen; sie bilden die Kapitel dieses Buchs. Wie bei jedem Prozess gilt: Überschneidungen zwischen den einzelnen Schritten sind nicht ganz zu vermeiden, zuweilen kann es erforderlich sein, einen Schritt vorzuziehen oder noch einmal auf einen Schritt zurückzukommen. Die Schritte sind nach den Teilkompetenzen benannt, die für eine überzeugende Präsentation erforderlich sind.

Fokussieren

Überzeugende Präsentationen sind ziel- und empfängerorientiert. Daher sind als erstes die Fragen zu beantworten: „Wer ist mein Empfänger? Was will ich bei ihm erreichen? Wie kann ich es erreichen?" In diesem Kapitel geht es um alle Aspekte, die Sie bei der

Planung einer Präsentation berücksichtigen sollten: das Ziel, die Empfänger, die Hauptaussage, der Kontext, die Wahl der Medien.

Die Struktur einer Präsentation ist ihr tragender Pfeiler. „Strukturieren" wird hier in doppeltem Sinn verstanden: zum einen als Struktur des Themas und der Präsentation(-sunterlage); zum anderen als Prozess der Erarbeitung des Themas und der Präsentationsunterlage. Dieses Kapitel zeigt, welche Strukturen sich für das jeweilige Präsentationsziel anbieten und worauf es bei Präsentationen im beruflichen Kontext besonders ankommt. Mit Blick auf „Strukturieren" als Prozess wird eine Arbeitstechnik vorgestellt, die sich in der Praxis bewährt hat und die – konsequent angewendet – zu überzeugenden Präsentationsunterlagen in überschaubarer Zeit führt.

Strukturieren

Die Struktur allein ergibt noch keine Präsentation. Gute Präsentationen verknüpfen die logisch strukturierten Argumente zu einer Geschichte. Dieses Kapitel zeigt, wie man mit Hilfe eines Folienübersichtsplans den Umfang der Präsentationsunterlage und die Abfolge der Folien festlegt, erläutert die Grundregeln verständlicher Sprache, geht auf besondere Teile der Präsentation ein (Einleitung, Schluss) und gibt Hinweise, wie sich Präsentationsunterlage und Redetext in Einklang bringen lassen.

Formulieren

Präsentationen übermitteln Informationen auch auf dem visuellen Kanal. Visualisieren heißt, Informationen in eine visuelle Darstellung, in ein ‚Bild' übersetzen, und zwar so, dass das Wesentliche auf den ersten Blick erkennbar wird. Dieses Kapitel gibt einen breiten Überblick über die Möglichkeiten, wie Zahlen und Daten sowie Ideen, Zusammenhänge, Konzepte in aussagekräftige Bilder übersetzt werden können. Hinweise zum Einsatz von Fotos, Cartoons und Animation und ein kurzer Überblick zum Thema Foliendesign runden das Kapitel ab. Hinweise zur Gestaltung von Flipchart-Seiten werden ebenfalls berücksichtigt.

Visualisieren

Editieren heißt, der Präsentation den letzten Schliff zu geben und die Präsentation zu proben. Dieses Kapitel versammelt die Tipps, die Sie an dieser Stelle der Vorbereitung berücksichtigen sollten, damit Sie gelassener in die Präsentationssituation gehen können.

Editieren

Schließlich geht es um den eigentlichen Auftritt vor Publikum. Das letzte Kapitel zeigt, wie Sie sich auf die Präsentationssituation einstimmen können und woran Sie bei der Vorbereitung des Raums

Präsentieren

und der Medien denken sollten. Hinweise zum Einsatz der Medien, zur Körpersprache und Sprechtechnik sowie zum Umgang mit Fragen bereiten Sie auf die Rolle des Präsentierenden vor. Zum Abschluss erfahren Sie, wie Sie jede Präsentation für sich und das Publikum gewinnbringend nachbereiten können und welche Rolle das Feedback dabei spielt.

1 Das Ziel klären

Sie möchten eine Präsentation halten. Bevor Sie jetzt damit beginnen, alle Informationen zu sammeln, die für das gewählte Thema relevant sein könnten, halten Sie einen Moment inne und fragen Sie sich, was Sie mit dieser Präsentation erreichen wollen. Diese Frage ist nicht so trivial, wie sie scheinen mag: Offensichtlich wird sie nicht immer gestellt. Vermutlich haben Sie bereits einige Situationen erlebt, in denen Sie sich gefragt haben: Was will mir der Redner eigentlich sagen? Warum vergeude ich hier meine Zeit? Sie können vermeiden, Ihr Publikum zu verärgern, wenn Sie sich bei der Vorbereitung Ihrer Präsentation fragen, welches Ziel – oder welche Ziele – Sie mit Ihrer Präsentation erreichen wollen. Ziele lassen sich unterscheiden in sachbezogene und persönliche Ziele.

Ihre Ziele

Bei sachorientierter Kommunikation lassen sich grundsätzlich zwei Ziele unterscheiden: informieren und überzeugen. In der Praxis kommen beide Ziele allerdings häufig gemeinsam vor (dazu unten mehr).

Sachbezogene Ziele

Informieren heißt, dem Empfänger alle diejenigen Informationen an die Hand zu geben, die er benötigt, um nach der Präsentation im gewünschten Sinn aktiv zu werden. Notwendig sind diejenigen Informationen, die zum Verständnis des Themas unabdingbar sind, vor allem aber Informationen, über die der Empfänger noch nicht verfügt. Was er schon weiß, braucht nur kurz angesprochen zu werden. Darüber hinaus ist es ein Unterschied, ob der Empfänger über das Thema nur in groben Zügen Bescheid wissen muss oder ob er das Thema detailliert verstehen muss – beispielsweise, um es selbst in der Praxis anzuwenden, es weiteren Kollegen zu erklären oder es Kunden überzeugend zu verkaufen. Gute informationsorientierte Präsentationen holen den Empfänger genau dort ab, wo er mit seinem Wissen steht. Gelingt dies auch bei Empfängern, die über einen unterschiedlichen Wissensstand verfügen, kann man von exzellenten Präsentationen sprechen. Hier wird deutlich, dass Sie diese Frage erst abschließend beantworten können, wenn Sie den nächsten Schritt – die Analyse der Empfänger – durchgeführt haben. Erst dann können Sie einschätzen, wie detailliert die Präsentation auf einzelne Aspekte des Themas eingehen sollte. Dennoch ist es sinnvoll, sich diese Frage vorab zu stellen, um die eigene Zielrichtung zu klären.

Informieren

Spezialfall ‚Unterrichten'

Eine Unterform des Ziels ‚Informieren' stellt das Ziel ‚Unterrichten' dar. Auch in einer Vorlesung geht es um Information, aber mit einem Unterschied: Die Empfänger (z. B. die Studierenden) sollen in die Lage versetzt werden, den Stoff möglichst vollständig aufzunehmen, zu verstehen, zu behalten, (in einer Prüfung) wiederzugeben und (im Studium oder im späteren Berufsleben) anzuwenden. Die Informationen müssen daher sehr detailliert dargestellt und erklärt werden. Darüber hinaus erhöht das aktive Einbeziehen der Empfänger das Verstehen und Behalten des Stoffs. Diese Form der Information kommt auch im Berufsleben vor. Zwar werden Trainings und Seminare in der Regel von ausgebildeten Fachleuten abgehalten, doch können auch Berufstätiger ohne spezielle pädagogische Qualifikation vor der Aufgabe stehen, Schulungen für Kollegen abzuhalten. So setzen zum Beispiel größere Projekte in Unternehmen häufig auf das Multiplikatoren-Konzept: Dabei wird eine Kerngruppe von Experten geschult, die Mitglieder dieser Kerngruppe schulen dann weitere Gruppen im Unternehmen.

Im Studium

Typische Beispiele von informationsorientierten Präsentationen sind Vorlesungen oder Referate im Studium. Die Tatsache, dass das Ziel ‚Informieren' im Studium überwiegt, erklärt möglicherweise, dass Studierende und Berufseinsteiger sich häufig auf dieses Ziel konzentrieren und die Bedeutung des Ziels ‚Überzeugen' anfangs unterschätzen.

Überzeugen

Überzeugen heißt, jemanden zu etwas bewegen – zu einer Überzeugung oder zu einer Handlung (oder dem Unterlassen einer Handlung). Die meisten Präsentationen im beruflichen Kontext verfolgen dieses Ziel. Ein Beispiel: Sie haben Germanistik studiert und sind Verlagslektor geworden. Zwei Mal im Jahr präsentieren Sie das neue Programm den Verlagsvertretern. Sie informieren sie über den Inhalt der Neuerscheinungen, die Autoren und über alles weitere Wissenswerte – Preise und Auszeichnungen, geplante Veranstaltungen und Werbemaßnahmen. Auch hier sind (Powerpoint-) Präsentationen heute Standard. Das Ziel der Veranstaltung ist nicht reine Information, sondern in erster Linie Überzeugung, ja sogar Werbung. Als Verlagslektor wollen Sie erreichen, dass sich die Vertreter für ‚Ihr Buch' in den Buchhandlungen besonders einsetzen. Diese Überzeugungsarbeit ist ein absolutes Muss – sonst geht Ihr Buch in der Masse der jährlichen Neuerscheinungen unter. Also müssen Sie den Vertretern genau die Argumente liefern, die diese bei den Buchhändlern einsetzen können: bekannter Autor, ansehnlicher Etat für Werbung und Verkaufsförderung, öffentlichkeitswirksame Veranstaltungen, spannender Inhalt. Die Reihenfolge der Argumente ist dabei durchaus nicht zufällig. Sie signalisiert: Das Buch wird sich aller Voraussicht nach hervorragend verkaufen. Beim Überzeugen geht es also darum, die Argumente klar zu benennen, die für die Idee, die Lösung, das Produkt sprechen. Es geht darum, den Nutzen für die Empfänger deutlich herauszustellen. Manchmal wird es nötig sein, mögliche Vorbehalte und Gegenargumente zu entkräften. Im besten Fall gelingt es, Begeisterung für die Idee, die Lösung, das Produkt zu wecken. Voraussetzung für eine überzeugende Präsentation ist, dass der Redner selbst von dem überzeugt ist, was er vorschlägt.

Im Falle des Überzeugens kann das Ziel entweder sein, dass der Empfänger selbst aktiv wird, oder aber, dass der Empfänger eine Entscheidung trifft und veranlasst, dass andere aktiv werden. Wenn eine Entscheidung herbeigeführt werden soll, sollte die Entscheidungsvorlage die Argumente für diese Entscheidung klar benennen, die Chancen und Risiken abwägen und die möglichen Kosten abschätzen.

Entscheidungs-vorlagen

Die Steigerungsform einer Überzeugungspräsentation ist die Verkaufspräsentation. Das gewisse Unbehagen und die Ablehnung der Präsentation, insbesondere des Mediums Powerpoint, als marketing- und verkaufsorientierte Kommunikationsform lassen sich sicherlich aus dieser Verwandtschaft erklären. Dennoch sollte man sich im Klaren sein: Ein gewisses Maß an Verkaufen steckt in jeder Präsentation – denn es gehört zum Berufsalltag, sich selbst, seine Produkte und seine Ideen gut zu verkaufen.

Spezialfall ‚Verkaufen'

In der Praxis kommen beide Ziele häufig gemeinsam vor. So kann es vorkommen, dass man zunächst über ein Thema informiert und dann die Argumente zusammenführt, die für die vorgeschlagene Lösung sprechen. Es ist aber auch möglich, Informationen so aufzubereiten, dass die Argumente für eine Entscheidung schon mitgeliefert werden. Ein Beispiel dafür ist die oben im Verlagsbeispiel genannte Sortierung der Argumente. Angesichts der knapp bemessenen Zeit von Entscheidern führt diese Lösung häufig schneller zum Ziel.

Mischung beider Ziele

Sachbezogene Ziele sind notwendig, aber nicht hinreichend für eine überzeugende Präsentation. Sie verfolgen immer auch persönliche Ziele. Wenn Sie eine Präsentation halten, möchten Sie in der Regel einen guten Eindruck machen. Sie möchten als kompetenter Red-

Persönliche Ziele

ner wahrgenommen werden und sich als Experte in einem Sachgebiet darstellen. Dann sollten Sie mit einer gut vorbereiteten und ausnehmend klar strukturierten Präsentation auftreten und Fragen klar und verständlich beantworten. Oder Sie möchten sich als kooperatives Teammitglied empfehlen – dann sind Sie gut beraten, Ihren Vortrag interaktiv zu gestalten und das Publikum einzubeziehen, beispielsweise durch echte (keine rhetorischen) Fragen. Mit einem Referat wollen Sie eine gute Bewertung erhalten, mit einer gelungenen Präsentation im Berufsleben empfehlen Sie sich möglicherweise als geeigneter Kandidat für ein anspruchsvolles und karriereträchtiges Projekt. Das sind allgemein formulierte Ziele – je genauer Sie Ihre persönlichen Ziele formulieren können, desto höher wird Ihre Motivation sein, eine ansprechende und überzeugende Präsentation zu halten. Welche persönlichen Ziele Sie verfolgen, ist übrigens Ihre Privatangelegenheit: Sie behalten sie für sich.

Unterhalten?

Referate im Studium und Präsentationen im Berufsleben sollen in erster Linie seriös sein. Dennoch kann ein gewisses Maß an Unterhaltung nicht schaden – Bilder machen die Präsentation abwechslungsreicher, passende Anekdoten lockern den Vortrag auf. Präsentationen im angelsächsischen Raum sind ohne unterhaltende Elemente undenkbar; auch in Deutschland muss ‚nützen‘ und ‚unterhalten‘ kein Widerspruch sein, vorausgesetzt, der Nutzen steht im Vordergrund.

Ziele mit Fragen klären

Um die Ziele Ihrer Präsentation für sich selbst zu klären, sollten Sie sich daher zu Beginn der Vorbereitung fragen:
▶ Was sollen die Teilnehmer nach der Präsentation vom Thema wissen?
▶ Was sollen sie vom Thema halten?
▶ Was sollen sie tun – entweder selbst tun oder entscheiden?
Aus den Antworten können Sie schon ersehen, ob Ihre Präsentation eher informieren oder eher überzeugen soll. Je konkreter diese Ziele formuliert werden können, desto leichter sind sie zu überprüfen. Und je realistischer sie angesetzt sind, desto größer ist die Aussicht darauf, sie zu erreichen.

Vorläufige Hauptaussage

Vor dem Hintergrund dieses Ziels überlegen Sie dann: Wenn Sie nur einen Satz zum Thema sagen dürften, wie würde er lauten? Das ist Ihre vorläufige Hauptaussage – Sie werden sie gleich noch einmal überprüfen, wenn Sie einen genauen Blick auf Ihr künftiges Publikum gerichtet haben (*vgl. Abb. 2.1*).

> **Ziel „informieren"**
> „Ich möchte mit meiner Präsentation erreichen, dass die Teilnehmer alle Optionen kennen lernen"
>
> **Vorläufige Hauptaussage**
> „Detaillierter Überblick über die möglichen Optionen"

> **Ziel „überzeugen"**
> „Ich möchte mit meiner Präsentation erreichen, dass Option A von den Teilnehmern bevorzugt wird"
>
> **Vorläufige Hauptaussage**
> „Option A bietet die meisten Vorteile"

Abb. 2.1: Vom Ziel zur vorläufigen Hauptaussage

Viele Präsentationen im Berufsleben werden nicht aus eigenem Antrieb erstellt, sondern im Auftrag für jemanden anderen (meist den Vorgesetzten). Das bedeutet: Auch die Ziele werden vom Auftraggeber vorgegeben – oder sollten es zumindest. In der Praxis geschieht dies jedoch häufig nicht explizit genug, daher die Empfehlung: Fragen Sie den Auftraggeber nach den Zielen, die mit dieser Präsentation erreicht werden sollen. Stellen Sie die hier aufgeführten Fragen auch dann, wenn Sie glauben, Sie selbst beantworten zu können (oder zu müssen). Klare Auskünfte am Anfang sind notwendig, wenn Sie nicht riskieren wollen, mehrere Stunden (oder Tage) in eine Präsentation zu investieren, die dann nicht den Anforderungen und Vorstellungen des Auftraggebers entspricht. Es empfiehlt sich übrigens auch, schon bei Auftragsannahme einen Termin zu vereinbaren, an dem man den Entwurf der Präsentation mit dem Auftraggeber bespricht.

Präsentationen im Auftrag

2 Sich in die Empfänger hineinversetzen

Präsentationen gehören zu denjenigen Formen der Kommunikation, bei denen die Interaktion mit dem Publikum am stärksten ausgeprägt ist. Bei einem Vortrag vor großem Publikum, bei dem der Saal möglicherweise abgedunkelt ist und der Redner ein Mikrophon benötigt, ist die Hemmschwelle für das Publikum, das Wort zu ergreifen, naturgemäß hoch. Bei einer Präsentation im beruf-

Interaktive Kommunikation

lichen Kontext hingegen müssen Sie jederzeit damit rechnen, dass die Teilnehmer das Wort ergreifen – um Verständnisfragen zu stellen, aber möglicherweise auch, um Einwände zu erheben oder das Präsentierte grundsätzlich in Frage zu stellen. Zwar können Sie versuchen, während der Präsentation nur Verständnisfragen zuzulassen und grundsätzliche Diskussionen einer sich anschließenden Frage- und Diskussionsrunde vorzubehalten, das heißt aber noch lange nicht, dass die Teilnehmer sich an diese Regel halten.

Fragen als Mittel

Das Ziel, dass Sie für Ihre Präsentation formuliert haben, werden Sie nur zusammen mit Ihrem Publikum erreichen. Präsentationen müssen daher noch sorgfältiger auf das Publikum abgestimmt werden als Vorträge. Dabei helfen Ihnen Fragen, sich ein möglichst detailliertes Bild über die Erwartungen, Befürchtungen und möglichen Reaktionen der Empfänger zu verschaffen. Wenn Sie Ihr Publikum kennen, können Sie diese Fragen selbst beantworten. Wenn nicht, versuchen Sie nach Möglichkeit, jemanden um Informationen zu bitten, der die Zielgruppe kennt.

Allgemeine Fragen

Wie viele Personen werden teilnehmen? Davon hängt vor allem die Wahl des geeigneten Mediums ab (*siehe Kapitel 2.5*). Es ist in der Regel wenig sinnvoll, vor großen Gruppen mit über 50 Menschen mit einem Flipchart zu präsentieren, auch wenn dies manche Rhetoriktrainer als neuesten Trend propagieren (PÖHM 2006). Im beruflichen Kontext ist es zudem wichtig zu wissen, welche Hierarchiestufen, welche Vertreter der verschiedenen Abteilungen oder Aufgabengebiete anwesend sein werden.

Vier Seiten

Um alle Aspekte einer gelungenen Kommunikation zu berücksichtigen, können die weiteren Fragen nach dem Vier-Seiten-Modell einer Nachricht (*siehe Kapitel 1.3*) geordnet werden. (Da es Mitgliedern sachorientierter Kulturen wie der deutschen meist leichter fällt, die Aspekte ‚Sachinformation' und ‚Appell' zu bestimmen, beginnt diese Aufzählung mit diesen beiden Aspekten, auch wenn ausdrücklich angemerkt werden soll, dass in jeder Kommunikation vor jeder Sachinformation und vor jedem Appell die Aufnahme einer Beziehung steht.)

Sachinformation

Was wissen die Teilnehmer bereits über das Thema? Was werden sie voraussichtlich noch wissen wollen? Und was sollten sie aus Ihrer Sicht über das Thema erfahren? Diese Fragen zu beantworten, hilft Ihnen zu bestimmen, wie detailliert die Informationen sein sollten, die Ihre Präsentation liefert. Nichts langweilt das Publikum mehr, als wenn es Dinge hört, die es bereits kennt. Dabei gilt bei beruflichen Präsentationen die Faustregel: Je höher der Rang in der Hierarchie, desto eher kommt es auf den großen Überblick an; je operativer die Teilnehmer tätig sind, desto mehr Details sind gefragt.

Wenn das Ziel der Präsentation lautet zu überzeugen, fragen Sie sich: Wie stehen die Teilnehmer zum Thema? Sind sie gleicher Meinung? Anderer Meinung? Oder haben sie sich noch keine Meinung gebildet, stehen neutral zum Thema? Und wie sollen sie nach Ihrer Präsentation dazu stehen? Die Haltung der Teilnehmer zum Thema wird von zwei Faktoren bestimmt: Zum einen können sie mit dem Thema positive Erwartungen verbinden („was nützt es mir?"), zum anderen können sie Befürchtungen hegen, dass sich aus dem Thema negative Konsequenzen für sie ergeben.

Appell

Ein Beispiel: Ein Service-Unternehmen verliert Kunden und damit Marktanteile. In der Abteilung Kundendienst sollen daher neue Prozesse etabliert werden, die dafür sorgen, dass jeder Kunde zu jeder Zeit einen klaren Ansprechpartner im Unternehmen hat, der ihm über alle Service-Leistungen des Unternehmens Auskunft geben und die nötigen Schritte für ihn veranlassen kann. Wer nun eine Präsentation zum Thema ‚Etablierung neuer Service-Prozesse in unserer Abteilung‘ hält, wird sehr wahrscheinlich mit dem Widerstand derjenigen Mitarbeiter rechnen müssen, die durch die Neuorganisation Kompetenzen verlieren. Er kann aber auch davon ausgehen, dass Mitarbeiter, die durch die neuen Zuständigkeiten an Kompetenzen gewinnen, die Neuorganisation aller Voraussicht nach unterstützen werden. Allerdings können neben beruflichen Interessen auch persönliche Interessen und Loyalitäten ins Spiel kommen. Was geschieht, wenn einer der ‚Gewinner‘ mit einem der ‚Verlierer‘ eng befreundet ist, kann auch die beste Empfängeranalyse nicht zweifelsfrei vorhersagen. Positiv gewendet heißt dies: In einer Präsentation mit dem Ziel ‚überzeugen‘ sollte immer der Nutzen für die Teilnehmer deutlich und an prominenter Stelle herausgearbeitet werden. Wenn es Befürchtungen gibt, sollten diese klar angesprochen und – wenn möglich – entkräftet werden.

Nutzen und Gefahren

In dem skizzierten Beispiel ist die Entscheidung bereits getroffen. Soll die Entscheidung durch die Präsentation herbeigeführt werden, lauten die Fragen: Wer trifft die Entscheidung? Wer beeinflusst die Entscheidung maßgeblich? Welchen Handlungsspielraum haben diese Entscheidungsträger? Hintergrund und Erwartungen dieser

Entscheidungs-träger

Personen wären dann entsprechend sorgfältig zu berücksichtigen. Die Antworten auf diese Fragen helfen, den Appellcharakter der Präsentation so genau wie möglich zu dosieren.

Beziehung

Erfolgreiche Präsentationen leben von der Interaktion mit dem Publikum. Einem Publikum, das Sie noch nicht kennt, stellen Sie sich selbstverständlich zu Beginn einer Präsentation vor und schaffen damit eine – wenn auch rudimentäre – Beziehung. Sie gewinnen an Präsenz und Überzeugungskraft, wenn Sie kurz darauf eingehen, welches Wissen und welche Erfahrungen Sie mitbringen, kurz: warum Sie dafür qualifiziert sind, zu diesem Thema sprechen.

Redner und Teilnehmer

Wenn Sie die Teilnehmer kennen, entfällt eine solche allgemeine Vorstellung. Dafür können Sie im Vorfeld sich vergegenwärtigen, wie die Teilnehmer zu Ihnen stehen – freundlich, neutral, ablehnend? Mit welchen Reaktionen müssen oder können Sie aller Voraussicht nach rechnen? Und wie können Sie darauf reagieren?

Teilnehmer untereinander

Da Präsentationen interaktive Situationen sind, ist auch damit zu rechnen, dass die Teilnehmer untereinander in Beziehung treten. Daher gehört es zur vollständigen Empfängeranalyse sich zu fragen: Kennen sich die Teilnehmer untereinander? Wenn ja: Wie stehen sie zueinander? Gibt es Allianzen und Fraktionen zum Thema oder zu bestimmten Aspekten des Themas? Können offene oder verdeckte Konflikte die Präsentation oder die Diskussion beeinflussen? Welche Gegenstrategien könnten Sie einsetzen, um das Ziel der Präsentation dennoch zu erreichen?

Selbstkundgabe

In jeder Kommunikationssituation gibt der Sprecher unweigerlich etwas von sich preis. Ob bewusst oder unbewusst – seine Haltung zum Thema, seine Überzeugungen, seine Vorbehalte wird im Gesagten und im Präsentierten durchschimmern. Um das oben angesprochene Beispiel noch einmal aufzugreifen: Für den Redner, der sich mit seinem Thema identifiziert, wird dies kein Problem darstellen. Dann überträgt sich im besten Fall die Überzeugung, mit der er die Sache vertritt, auf das Publikum. Wer zu einem Thema eine Präsentation halten muss, bei dem er Bedenken hegt, kann abwägen, ob es möglich und ratsam ist, die ‚Flucht nach vorne‘ anzutreten und diese Bedenken offen anzusprechen. Die Entscheidung hängt nicht in erster Linie von persönlichen Vorlieben ab, sondern von der jeweiligen Situation (und vor allem vom kulturellen Umfeld), in dem die Präsentation stattfindet. Welchen Eindruck möchte ich vermitteln? Welches Bild von mir möchte ich erzeugen?

Diese Fragen hängen davon ab, was die jeweilige Situation erlaubt und was in der jeweiligen Kultur zulässig ist.

Wenn Sie sehr wenig Zeit haben, die Präsentation vorzubereiten, sollten Sie sich zumindest zwei Fragen stellen: „Welche Frage stellen mir die Teilnehmer der Präsentation vermutlich als erstes? Und was ist die schlimmstmögliche Frage, die sie mir stellen könnten?" Wenn Sie die Antworten auf diese Fragen für sich klären, versetzen Sie sich sehr effizient in die Lage der Empfänger. Das hilft Ihnen, die Hauptaussage der Präsentation zu bestimmen.

Kurztest

3   Die Hauptaussage bestimmen

Mit Hilfe des ausformulierten Ziels und den Ergebnissen der Empfängeranalyse kann nun die Hauptaussage der Präsentation bestimmt werden. Formulieren Sie Ihren ‚einen Satz zum Thema' so um, dass er bei den voraussichtlichen Empfängern der Präsentation Ihrer Einschätzung nach angemessen ‚ankommen' wird (*Abb. 2.2*).

Ein Satz

Ziel „informieren"
„Ich möchte mit meiner Präsentation erreichen, dass die Teilnehmer alle Optionen kennen lernen"

Ergebnis der Empfängeranalyse
Die meisten Teilnehmer kennen die Optionen bereits und erwarten gezielte Informationen für die anstehende Entscheidung.

Hauptaussage
„Die Optionen – Kriterien für die Entscheidung"

Ziel „überzeugen"
„Ich möchte mit meiner Präsentation erreichen, dass Option A von den Teilnehmern bevorzugt wird"

Vorläufige Hauptaussage
„Option A bietet die meisten Vorteile"

Ergebnis der Empfängeranalyse
Die Teilnehmer haben einen begrenzten Etat zur Verfügung und werden
daher nur eine bestimmte Summe investieren können. Option A ist zwar die
technisch beste Lösung, aber auch die teuerste. Option B bietet vergleich-
bare Leistungen zu einem günstigeren Preis. Sie haben zwei Möglichkeiten:
Entweder Sie verstärken die Argumentation für Option A oder Sie liefern
Argumente sowohl für Option A und B.

Hauptaussage
Entweder: „Option A bietet unschlagbare Vorteile"
Oder: „Option A und Option B kommen in Frage"

Abb. 2.2: Bestimmung der Hauptaussage

Testpublikum fragen

Um Ihre Einschätzung zu überprüfen, sollten Sie diesen Satz nach
Möglichkeit an einem Probepublikum testen. Je nach Situation
können Sie vielleicht einen der Teilnehmer Ihrer Präsentation ansprechen oder aber einen Kollegen, der schon vor ähnlichen Empfängern präsentiert hat. Ändern Sie den Satz, falls nötig, bis er
stimmt. Im Fall einer Auftragspräsentation ist natürlich der Auftraggeber das Testpublikum. Dieser Satz ist die Hauptaussage Ihrer
Präsentation – und der Startpunkt für die Vorbereitung Ihrer
Präsentationsunterlage.

Hypothesen aufstellen

Nicht immer fällt es leicht, sich am Anfang auf eine Hauptaussage
festzulegen. Dann sind Argumente zu hören wie „Das Thema ist so
komplex, das kann man nicht in einem Satz zusammenfassen" oder
„Ich weiß doch noch gar nicht, zu welchen Ergebnissen die Ana-
lyse/die Recherche führt". Ist das Thema sehr komplex, können
Sie im ersten Schritt zwei oder drei wichtige Aussagen formulieren. Möglicherweise wird dann schon deutlich, auf welche der
Aussagen es in erster Linie ankommt; eventuell hilft das Testpublikum, diese Frage zu entscheiden. Oder aber die Aussagen
lassen sich auf einer höheren Abstraktionsebene zu einer Hauptaussage zusammenfassen. Wenn Sie eine Präsentation zu einem
neuen, unbekannten Thema vorbereiten, ist es hilfreich, bewusst

Hypothesen zu formulieren. Schreiben Sie die Aussage auf – eventuell als Frage, wohl wissend, dass es sich um eine Hypothese handelt, die im Zuge der folgenden Analysen bzw. Recherchen bestätigt oder widerlegt werden muss. Diese Vorgehensweise hat den Vorteil, dass die nachfolgende Analyse bzw. Recherche zielgerichtet – und damit zeitsparend – durchgeführt werden kann.

4   Den Kontext einschätzen

Im eingangs vorgestellten Kommunikationsmodell bezeichnet ‚Kontext' alle Aspekte von Kommunikation, die sich nicht auf den Sender, den Empfänger, die Nachricht, den Code und das Medium (den Kanal) beziehen. Kontext in diesem Sinn bezeichnet also die Situation, in der Kommunikation stattfindet, und das kulturelle Bezugsfeld, in dem die übermittelte Nachricht Bedeutung erlangt. Das Problem ist: Der Kontext lässt sich nicht scharf von den anderen Elementen abgrenzen – besonders in die Empfängeranalyse gehen unweigerlich Elemente der Situation und der Kultur ein.

Kontext

Daher wird der Begriff ‚Kontext' hier auf bestimmte Fragen der Situation eingegrenzt: Unter welchen Rahmenbedingungen findet die Präsentation statt? Nur wer sich im Vorhinein einen Überblick darüber verschafft, kann seine Präsentation gezielt auf den Anlass ausrichten, alle notwendigen Maßnahmen rechtzeitig in die Wege leiten und sich zeitraubende, aber nicht zielführende Aktionen ersparen.

Situation

Je nach Anlass finden Präsentationen in formellerem oder informellerem Rahmen statt. Formell bedeutet, dass für die Situation gewisse Formvorschriften und Verhaltensregeln gelten: beispielsweise (explizite oder unausgesprochene) Kleidungsvorschriften, Konventionen für Begrüßungen und Danksagungen, eventuell auch Regeln für die eingesetzten Medien (z. B. Präsentationsvorlagen). Holen Sie diese Informationen rechtzeitig ein, um während der Vorbereitung der Präsentationsunterlage keine Zeit durch Doppelarbeiten zu verlieren.

Formell oder informell?

In diesem Sinn informelle Situationen im Studium sind Arbeitsgruppentreffen. Deutlich formeller sind Vorlesungen, Seminare und Übungen. Zu den formellen Situationen sind insbesondere mündliche Prüfungen zu rechnen.

Im Studium

Im Beruf

Im Berufsleben reicht das Spektrum ebenfalls von relativ informellen Situationen – einer Präsentation im Kollegenkreis – bis zu sehr formellen Situationen – einer Präsentation vor Vorgesetzten, vor der Geschäftsleitung, vor Kunden, vor externen Fachleuten. Je formeller der Anlass, desto sorgfältiger sollten Sie die Präsentationsunterlage vorbereiten. *Genaueres zur Vorbereitung der Präsentationssituation: siehe Kapitel 7.1 und 7.2.*

Teil eines Programms?

Wenn Ihre Präsentation Teil eines Programms ist: An welcher Stelle steht Ihre Präsentation? Wie wichtig ist Ihr Thema? Gibt es Präsentationen zum gleichen oder zu ähnlichen Themen? Welche Meinungen werden diese Redner Ihres Wissens nach vertreten? Gibt es eine Frage- oder Diskussionsrunde nach der Präsentation? Die Antworten auf diese Fragen helfen, die eigene Präsentation pointierter zu gestalten und sich auf mögliche Gegenargumente in der Diskussion einzustellen.

Zeit

Wie viel Zeit ist für Ihre Präsentation vorgesehen? Halten Sie sich an diese Vorgabe und planen Sie Ihre Unterlage entsprechend (Faustregel ‚zwei bis drei Minuten pro Folie‘, *siehe Kapitel 4.1*). In beruflichen Situationen werden Präsentierende, die ihre Redezeit überziehen, in der Regel auf den Zeitrahmen hingewiesen. Wenn Sie die Aufmerksamkeit und Konzentration der Teilnehmer (und Ihre eigene Leistungsfähigkeit) einschätzen wollen, sollten Sie in Erfahrung bringen: Wann findet die Präsentation statt? Ist der Zeitpunkt für die Teilnehmer geeignet oder wird er eher als ungeeignet empfunden werden (z. B. Samstagvormittag)? Ist der Termin freiwillig oder eine Pflichtveranstaltung?

Raum

Jeder, der schon einmal in einem zu dunklen, zu kleinen oder zu lauten Raum präsentieren musste, hat leidvoll erfahren, wie gravierend sich dies auf die Konzentration des Publikums und damit den Erfolg der Präsentation auswirken kann. Versuchen Sie daher immer im Vorfeld, grundlegende Informationen über den Raum zu erhalten, in dem Sie präsentieren werden, insbesondere über die Größe, die Bestuhlung und die Medienausstattung. Details können Sie in der Vorbereitungsphase der Präsentation klären (*siehe Kapitel 7.2*).

5   Die geeigneten Medien wählen

Im Folgenden wird zunächst ein kurzer Überblick über diejenigen Medien gegeben, die zurzeit aktuell sind und bei beruflichen Präsentationen verwendet werden. Geräte für große Vorträge (wie Diaprojektoren und Videoanlagen) sind nicht berücksichtigt. Anschließend werden Hinweise für die Wahl der Medien gegeben. *Tipps für die Handhabung der Geräte sind in Kapitel 7.2 zusammengestellt.*

Überblick über Medien

Lange Zeit Standard bei Präsentationen, gilt der Overhead-Projektor heute bei Präsentationen im Berufsleben als veraltet und befindet sich auf dem Rückzug. Das ist eigentlich bedauerlich, denn er ist ein leicht zu bedienendes Gerät, das wenig Komplikationen bereitet (jedenfalls im Vergleich zum Beamer). Zu empfehlen ist der Overhead-Projektor nach wie vor in allen Situationen, bei denen die gemeinsame Erarbeitung von Inhalten im Vordergrund steht, beispielsweise für Arbeitssitzungen. Auch wenn keine Zeit bleibt, sich mit Präsentationsprogrammen vertraut zu machen, kann er eine akzeptable Alternative darstellen. Mit einem Overhead-Projektor können Folien, die mit Präsentationsprogrammen produziert wurden, ebenso präsentiert werden wie handgeschriebene und -gezeichnete Folien. Besonders bei letzteren reduziert sich die Vorbereitungszeit erheblich. Korrekturen auf den Folien in letzter Minute sind allerdings nicht mehr möglich, wohl aber Ergänzungen während der Präsentation. So können Sie beispielsweise vorbereitete Tabellen oder Schaubilder während der Präsentation mit Informationen des Publikums ausfüllen oder Wichtiges mit Farbe hervorheben.

Overhead-Projektor

Im Unterschied zum Overheadprojektor kann man mit einem Episkop Papiervorlagen, Fotos, Printmedien oder Gegenstände direkt an die Wand projizieren. Moderne Episkope verfügen über einen digitalen Ausgang, über den sie an einen Beamer oder Bildschirm angeschlossen werden. Damit ist ein Episkop leichter in der Handhabung, allerdings bislang auch noch nicht so verbreitet.

Episkop

Präsentationen mit Hilfe von Computer/Laptop und Beamer sind zurzeit Standard bei Präsentationen im Berufsleben und Konferenzen und mittlerweile auch vielfach bei Hochschul- und Weiterbildungsveranstaltungen. Für Beamer-Präsentationen benötigt man einen Computer/Laptop sowie einen Beamer mit zugehörigem Ver-

Beamer-Präsentation

bindungskabel. Die Präsentationsunterlage wird mit einem Präsentationsprogramm erstellt (von denen Powerpoint das bekannteste ist) und direkt auf die Leinwand (oder an die Wand) projiziert.

Vor- und Nachteile

Die Vorteile sind klar: Es müssen keine Folien mehr ausgedruckt werden. Änderungen und Korrekturen sind bis zur letzten Minute möglich, bei wiederkehrenden Präsentationen kann die Unterlage fortlaufend aktualisiert werden. Die Technik ermöglicht zudem Animation und Einbindung von anderen Medien (Filme, Musikausschnitte etc.). Dagegen stehen die Nachteile: Die Technik ist teuer und aufwändig. Die Abstimmung von Laptop und Beamer erfordert Zeit und führt nicht immer zu befriedigenden Resultaten (zum Beispiel bei den Farbwerten). Für Präsentationsanfänger stellen die technischen Anforderungen eine zusätzliche Hürde dar (aber auch geübte Präsentierende würden auf manche Überraschung der Technik gerne verzichten!). Dennoch gilt: Zurzeit führt kein Weg an dieser Präsentationsform vorbei. Machen Sie sich am besten frühzeitig damit vertraut, am besten während des Studiums in Veranstaltungen, in denen sie mit ‚anfängerfreundlichen' Bedingungen rechnen können.

Flipchart

Ein Flipchart ist eine Art überdimensionierter Schreibblock, der auf einem Ständer angebracht ist. Flipchart-Papier gibt es in verschiedenen Ausführungen (unliniert, kariert), die Bögen lassen sich umblättern oder an der Wand aufhängen. Die Bögen werden mit extrabreiten farbigen Filzstiften beschrieben, wobei es etwas Übung erfordert, ausreichend groß und übersichtlich zu schreiben. Das Flipchart ist ein eher interaktives Medium, das aus der Moderationstechnik stammt. Es eignet sich besonders gut dazu, Inhalte – alleine oder gemeinsam mit dem Publikum – zu entwickeln. Man kann es aber auch für eine klassische Präsentation einsetzen, dann sollte man komplexere Visualisierungen vor der Präsentation erstellen. Präsentationen mit dem Flipchart können lebendiger wirken – besonders, wenn sich das Publikum an Beamerpräsentationen satt gesehen hat.

Pinnwand

Die Pinnwand (auch Pinwand) stammt wie das Flipchart aus der Moderationstechnik. Die mit Weichfasern bezogenen Tafeln stehen auf einem Gestell oder sind an der Wand fixiert; es gibt auch klappbare Pinnwände, die transportiert werden können. Präsentiert wird mit Karten, die mit Nadeln an die Pinnwand geheftet werden. Unterschiedliche Farben und Formen der Karten helfen, zusammengehörende Kategorien zu verdeutlichen. Pinnwände können auch beschrieben werden, dazu werden sie mit großen Papierbögen (in Braun oder Weiß) bespannt. Als interaktives Medium eignet sich die Pinnwand besonders gut dazu, um Ideen mit dem Publikum zu entwickeln. Für eine klassische Präsentation ist es ein eher unübliches Medium – es sei denn, man nutzt die Wand für ein vorbereitetes Poster.

Den dunkelgrünen Klassiker aus der Schule werden Sie in keinem Büro finden, sein Äquivalent in Weiß schon eher, vor allem in Ingenieurbüros. Beide Medien haben gemeinsam, dass sie ideale Schreibtafeln für Arbeitsprozesse in Gruppen sind. Whiteboards werden mit speziellen, leicht abwischbaren Stiften beschrieben. Für Präsentationen sind beide Medien allerdings nur bedingt geeignet: Obwohl sie technisch einfach wirken, stellen sie höchste Anforderungen an die Präsentationstechnik. Kaum ein Präsentierender beherrscht die nötige Schrift (lesbar und schön), außerdem ist es unmöglich, gleichzeitig zu schreiben und den Blickkontakt zum Publikum zu halten. Da das konzentrierte An-die-Tafel-Schreiben-mit-gleichzeitigem-Reden nur bei genialen Mathematikern als Kompetenz-Beweis gilt, sollten normale Präsentierende nach Möglichkeit andere Medien wählen. Falls Sie mangels anderer Medien auf Tafeln zurückgreifen müssen, sollten Sie vorab testen, wie groß die Schrift sein muss.

Tafel und Whiteboard

Welche Medien setzen Sie am besten ein? Das hängt von mehreren Faktoren ab:

Medienwahl

▶ Thema: Mit welchen Medien können Sie die Themen Ihrer Präsentation am besten vermitteln?
▶ Raum: Welche Medien kommen mit Blick auf die Anzahl der Teilnehmer und die Gegebenheiten des Raums in Frage (*vgl. Abb. 2.3*)?
▶ Teilnehmer: Welche Medien werden von den Teilnehmern erwartet? Welche werden möglicherweise abgelehnt?
▶ Medien: Welche Medien sind vorhanden? Welche müssen Sie selbst mitbringen?
▶ Präsentierender: Mit welchen Medien kennen Sie sich aus? Mit welchen müssen Sie sich noch vertraut machen?
▶ Unterlagen: Welche Präsentationsunterlagen müssen Sie für diese Medien vorbereiten und haben Sie ausreichend Zeit dazu?

Medium	Anforderung an Raum	Teilnehmerzahl	Präsentations-unterlage
Overhead-projektor	Leinwand oder für die Projektion geeignete Wand, Abdunkelungs-möglichkeit bei hellem Sonnenlicht	Mittlere Gruppen (ca. 50 Teilnehmer) Großgruppen bis zu 150 (bei lichtstarken Geräten)	Folien
Beamer	Leinwand oder für die Projektion geeignete Wand, Abdunkelungs-möglichkeit bei hellem Sonnenlicht	Mittlere Gruppen (ca. 50 Teilnehmer) Großgruppen bis zu 150 (bei lichtstarken Geräten)	Dateien
Diaprojektor	Leinwand oder für die Projektion geeignete Wand, Verdunkelungs-möglichkeit	Für sehr große Gruppen (lichtstarke Geräte!)	Dias
Flipchart	Keine besonderen	Kleingruppen bis zu 20 Teilnehmern	Vorbereitete oder leere Flipchart-Blätter
Pinnwand	Keine besonderen	Kleingruppen bis zu 20 Teilnehmern	Vorbereitete oder leere Papierbögen und Karten
Tafel oder Whiteboard	Keine besonderen	Kleingruppen bis zu 20 Teilnehmern (im Idealfall)	Tafelbeschrif-tung (Beschrif-tung auf Whiteboard)

Abb. 2.3: Medienwahl nach Raum, Teilnehmeranzahl und Präsentationsunterlage

Medienwahl nach Thema

Grundsätzlich gibt es zwei Möglichkeiten, Themen zu präsentieren: zum einen können Sie die ausgearbeiteten Inhalte zeigen, zum anderen können Sie die Inhalte während des Vortrags entwickeln. Medien sind grundsätzlich variabel einsetzbar, entsprechend lassen sich mit den meisten Medien sowohl Inhalte zeigen als auch Inhalte entwickeln (*vgl. Abb. 2.4*).

Zeigen

Fertige Inhalte zu zeigen bietet sich an, wenn die Themen gut nachvollziehbar sind, das Publikum mit den Themen einigermaßen vertraut ist oder aber die Zeit begrenzt ist.

Inhalte zu entwickeln bietet sich dagegen an, wenn es sich um sehr komplexe Themen handelt. Klassisches Beispiel: Einen mathematischen Beweis verstehen die meisten Menschen leichter, wenn er Schritt für Schritt an der Tafel entwickelt wird.   **Entwickeln**

Medium	Inhalte zeigen	Inhalte entwickeln
Tafel oder Whiteboard	Vorbereitete Poster	Tafelbeschriftung
Flipchart	Vorbereitete Flipchart-Bögen	Leere Flipchart-Bögen
Pinnwand	Vorbereitete Poster	Vorbereitete oder leere Pinnwand-Karten
Overhead-projektor	Fertige Folien	Leere Folien, vorbereitete Folien zum Ausfüllen
Beamer	Beamerpräsentation	Animierte Beamerpräsentation

Abb. 2.4: Medienwahl nach Thema

Bei längeren Präsentationen können mehrere Medien eingesetzt werden, um den Vortrag aufzulockern. Zur Orientierung des Publikums ist es besonders hilfreich, wenn kurzfristige Medien mit dauerhaften Medien ergänzt werden.   **Medienwechsel**

Kurzfristige Medien sind Medien, bei denen die gezeigten Darstellungen nur während der Projektions- oder Zeigedauer sichtbar sind – also Präsentationen mit Overhead-Projektor oder Beamer.   **Kurzfristige Medien**

Dauerhafte Medien sind solche, bei denen das Publikum die gezeigten Darstellungen während der gesamten Präsentation vor Augen hat: Flipchart, Pinnwand, Poster. Solche Medien eignen sich hervorragend für die Agenda, die Übersicht über den Inhalt oder auch für Hauptaussagen der Präsentation.   **Dauerhafte Medien**

Bei einer Präsentation im beruflichen Kontext erwarten die Teilnehmer, dass sie die Präsentationsunterlage als schriftliche Unterlage (‚Handout') erhalten. In den meisten Fällen genügen Ausdrucke oder Kopien der präsentierten Folien. Bei Arbeitssitzungen werden diese Unterlagen am Anfang ausgeteilt, so dass sich die Teilnehmer Notizen machen können. Bei formelleren Präsentationen kann die Unterlage entweder am Anfang oder am Ende ausgeteilt werden. Hier Tipps zu geben, erübrigt sich: In der Regel bestimmt das   **Unterlagen**

Publikum (und nicht der Präsentierende), welche Variante es bevorzugt. In vielen Fällen (besonders bei Präsentationen innerhalb eines Unternehmens) wird die Präsentationsunterlage als PDF-Datei nach dem Termin an die Teilnehmer versandt.

ZUSAMMENFASSUNG

Als Ergebnis des Schrittes „Fokussieren" haben Sie die wesentlichen Koordinaten Ihrer Präsentation festgelegt. Sie haben Ihr Ziel geklärt und sich die Erwartungen Ihrer Empfänger vergegenwärtigt. Sie haben die Hauptaussage bestimmt und mit Hilfe einer oder mehrerer Testpersonen überprüft. Diese Hauptaussage bildet den Ausgangspunkt für die folgenden Schritte und sorgt dafür, dass Sie das Ziel und die Empfänger nicht aus den Augen verlieren.

Darüber hinaus haben Sie die Rahmenbedingungen geklärt, in der Sie Ihre Präsentation halten werden, und sich einen Überblick über die möglichen und erforderlichen Medien verschafft, die Sie einsetzen werden. So gerüstet, können Sie jetzt daran gehen, zielgerichtet und effizient die Struktur Ihrer Präsentation zu erarbeiten.

Die Struktur einer Präsentation kann man als den tragenden Pfeiler bezeichnen, ohne den das ‚Gebäude' in sich zusammenfällt. ‚Strukturieren' wird hier in doppeltem Sinn verstanden. Zum einen ist der Aufbau des Themas und die Struktur der Präsentation(-sunterlage) gemeint, zum anderen der Prozess der Erarbeitung des Themas und der Präsentationsunterlage.

Ziel des Kapitels

Dieses Kapitel zeigt, welche Strukturen sich für das jeweilige Präsentationsziel anbieten und worauf es bei Präsentationen im beruflichen Kontext besonders ankommt. Es führt Beispiele aus verschiedenen Bereichen an und stellt ‚Praktikertests' vor, mit denen man die Tragfähigkeit der gewählten Struktur überprüfen kann (*vgl. Kapitel 3.2*).

Klare Struktur

Mit Blick auf ‚Strukturieren' als Tätigkeit beantwortet dieses Kapitel die Frage, wie man von der Hauptaussage der geplanten Präsentation zur fertigen Präsentation(-sunterlage) gelangt. Die vorgestellte Arbeitstechnik hat sich in der Praxis bewährt und führt – konsequent angewendet – in überschaubarer Zeit zu überzeugenden Präsentationsunterlagen (*vgl. Kapitel 3.3*).

Effizienter Prozess

1 Grundlagen

Die Kommunikationsform Präsentation wurde eingangs als „vorwiegend sachorientierte Vermittlung eines Themas" definiert, die zwei Hauptziele verfolgt: ‚informieren' oder ‚überzeugen'. Eine übersichtliche Struktur der Informationen wird als Mindestvoraussetzung für eine akzeptable Präsentation wahrgenommen. Indem der Präsentierende die Fakten und Argumente für seine Sache nachvollziehbar aufbaut (Ebene der Sachinformation), erleichtert er es dem Publikum, der Präsentation zu folgen, kann dessen Aufmerksamkeit in die gewünschte Richtung lenken und erhöht so die Chance, das Ziel seiner Präsentation zu erreichen (Appell). Mit einer wohldurchdachten Struktur zeigt er, dass er das Thema beherrscht, und demonstriert seine Kompetenz (Selbstausdruck). Gleichzeitig signalisiert er, dass er das Bedürfnis der Teilnehmer nach Überblick und effizientem Vorgehen respektiert (Beziehungshinweis).

Bedeutung in der Praxis

Bei Präsentationen kommt es darauf an, komplexe Themen gleichzeitig umfassend und überschaubar darzustellen – dies gilt für Studium wie Beruf. Zudem hat sich für Präsentationen im beruflichen

Das Wichtigste zuerst

Kontext eine deutliche Präferenz herausgebildet: das Prinzip, die Hauptaussage zuerst zu nennen und nicht als Überraschung für den Schluss aufzusparen. Auf dem gleichen Prinzip beruhen die ‚Abstracts‘ von wissenschaftlichen Publikationen und der journalistische Aufbau von Artikeln, die in Überschrift (‚Headline‘), Kurztext zu Beginn (‚Lead‘) und vollständigen Text untergliedert sind. Der Titel enthält die Hauptaussage (oder zumindest das Thema), Abstract und Lead enthalten alle wesentlichen Informationen in Kurzform. So bieten sie dem Leser rasche Orientierung in der Informationsflut.

Strukturen

Auf schnelle Orientierung in knapper Zeit kommt es auch in den Meetings an, bei denen Präsentationen gehalten werden. Strukturen, welche die einzelnen Elemente (Informationen) sinnvoll und leicht nachvollziehbar verknüpfen, dienen diesem Bedürfnis. Eine Vielzahl von Elementen kann in hierarchisch und nicht hierarchisch aufgebauten Strukturen organisiert werden (*vgl. Abb. 3.1*).

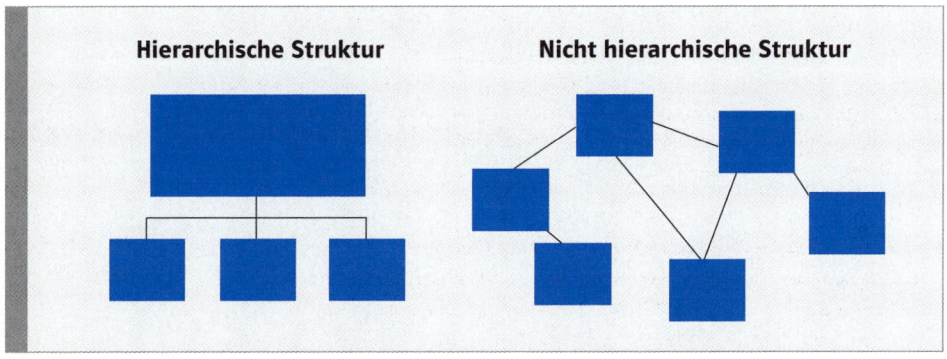

Abb. 3.1: Hierarchische und nicht hierarchische Strukturen

Nicht hierarchisch

Bei nicht hierarchischen Strukturen sind die einzelnen Elemente untereinander verbunden, es gibt kein übergeordnetes Element. Netzwerke gehören zu dieser Art von Strukturen.

Hierarchisch

Hierarchische Strukturen sind durch Über- und Unterordnung der Elemente gekennzeichnet. Bei der strengsten Form, dem ‚Logikbaum‘, hat jedes Element nur ein übergeordnetes Element (nicht zwei oder mehrere) und die Verbindungslinien eines Elementes mit den anderen gehen nur in eine Richtung, zur übergeordneten und zur untergeordneten Ebene (nicht zu den gleich geordneten). An der Spitze steht der Oberbegriff (Kategorie). Die Klassifizierung der

Elemente folgt strengen Regeln: Jeder übergeordnete Begriff muss die eindeutige Zuordnung der Elemente ermöglichen, die zu seiner Gruppe gehören; ein Element kann nicht gleichzeitig zu zwei Oberbegriffen gehören. Umgekehrt ergibt die Summe der Unterbegriffe den Oberbegriff. Ein Oberpunkt umfasst mindestens zwei Unterpunkte.

Dieser Unterschied der beiden Strukturen erklärt, warum in zielgerichteter Kommunikation die hierarchische Variante bevorzugt wird: Die strikte Klassifikation der Elemente ergibt eine baumförmige Struktur, die an ihrer Spitze ein übergeordnetes Element trägt. Solche Baumstrukturen lassen sich leichter in eine lineare Abfolge übersetzen als komplexe Netzwerkstrukturen, da man einfach den einzelnen Ästen folgen kann, ohne ein Element zu übergehen oder ein Element doppelt zu berühren.

Präferenz für hierarchische Strukturen

Übertragen auf die Struktur einer Präsentation bedeutet dies: An der Spitze steht die Hauptaussage, unter ihr – logisch geordnet – die Detailinformationen, die der Reihe nach präsentiert werden können. Unter dem Namen „The Minto Pyramid Principle®" (MINTO 1993 und 2005) wird dieses Prinzip in der Praktikerliteratur dargestellt. Besonders in der Beratungsbranche gilt es als Standard für den Aufbau von Berichten und Präsentationen.

Pyramidales Prinzip

Die Präferenz für hierarchische Strukturen in der Geschäftskommunikation wird mitunter mit dem Argument untermauert, dass hierarchisch strukturierte Informationen ‚gehirngerecht' seien. Das menschliche Kurzzeitgedächtnis habe eine begrenzte Aufnahmekapazität, die durch Zusammenfassung einzelner ‚Items' zu festen Gruppen (‚chunks') erheblich gesteigert werden könne. Diese „Chunking"-Hypothese wurde von dem amerikanischen Kognitionspsychologen GEORGE A. MILLER 1956 in seinem Aufsatz *The magical number seven, plus or minus two: some limits on our capacity for processing information* eingeführt (MILLER 1956).

Kognitionspsychologische Grundlagen

Die „magische Zahl" Sieben – oder Fünf oder Neun – als Obergrenze für eine sinnvolle, weil vom Benutzer verarbeitbare Informationsmenge findet sich in vielen Ratgebern zur Gestaltung von Powerpoint-Folien (oder Websites). Auch in der neuesten Auflage von BARBARA MINTOS *Prinzip der Pyramide* ist es vertreten: „Der (menschliche, Anm. d. V.) Geist ordnet Informationen zum besseren Verständnis automatisch in unterschiedliche Pyramidengruppierungen ein. ... Das (logische, Anm. d. V.) Muster wird

„Magische Zahl Sieben"

immer die Form einer Pyramide haben, weil sie die einzige Form ist, die den Bedürfnissen des menschlichen Geistes entspricht, indem sie bei der magischen Zahl Sieben aufhört und die Logik der Beziehung (der einzelnen Elemente, Anm. d. V.) aufzeigt." (MINTO 2005: 17f)

Chunking-Hypothese

Tatsächlich sind solche Thesen unverkennbar vom Computermodell des menschlichen Geistes geprägt, wie es zur Mitte der 50-er Jahre entstand (MILLER 2003). Die „Chunking"-Hypothese gilt heute als überholt. Neuere Arbeiten zeigen, dass die Gedächtnisspanne abhängig von der Art der Reize ist (beispielsweise für Wörter größer ist als für andere Reize), und sie heben hervor, dass das Behalten von ‚chunks' vor allem von optimalen Bedingungen abhängt (KRAY & MECKLINGER 2001: 101f). ‚Chunk'-Bildung kann zudem nicht als einzige Strategie gelten, mit der die Gedächtnisleistung gesteigert werden kann – auch die Verbindung von einzelnen ‚Items' durch Assoziation – beispielsweise mit Bildern oder durch eine Geschichte – kann die Behaltensleistung erhöhen. Auch MINTOS Behauptung, der Geist ordne Informationen automatisch in baum- (oder pyramiden-)förmige Strukturen an, erscheint im Lichte der modernen Gehirnforschung als überholte Annahme. Man spricht heute eher von neuronalen Netzen. Sicherlich ist es sinnvoll, sich in einer Präsentation auf eine überschaubare Anzahl von Hauptpunkten zu begrenzen – nur die wissenschaftliche Untermauerung ist mit Vorsicht zu behandeln. Sie können bei Gelegenheit einmal Ihr eigenes ‚Experiment' durchführen: Kündigen Sie bei einer Ihrer Präsentationen an, das Thema habe 20 interessante Punkte, die Sie abzuhandeln gedenken, und beobachten Sie die Reaktion Ihres Publikums.

Kulturelle Einschränkungen

Kategorien und daraus resultierende Strukturen sind keine vorgegebenen Größen. Sie werden von Menschen gebildet und fallen je nach Wissensstand und Erkenntnisinteresse unterschiedlich aus. So galt für die ‚sieben freien Künste' im Mittelalter sicherlich das Prädikat ‚vollständig genannt und logisch einwandfrei untergliedert' – die philosophischen Fakultäten der heutigen Hochschulen würden sich jedoch in dieser Unterteilung nicht wieder finden (*vgl. Abb. 3.2*).

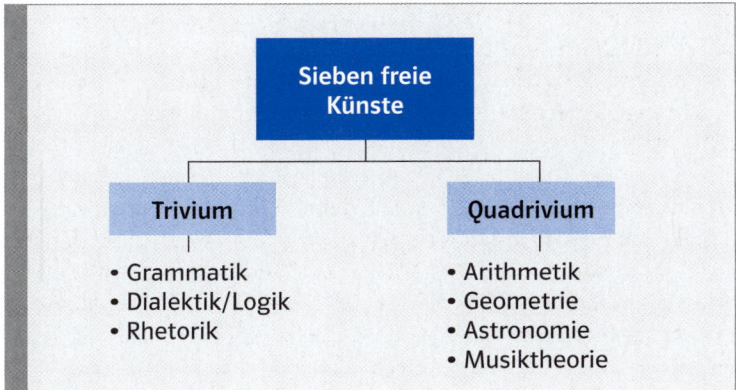

Abb. 3.2: System der Grundlagenwissenschaften im Mittelalter

Nicht nur die Kategorien, auch die Art der Struktur selbst wird durch Konvention und Tradition geprägt. So ist diese Darstellung in Form und Inhalt der abendländischen Logik verpflichtet. Hinzu mag noch eine ausgeprägte Vorliebe für Strukturen und Regeln treten, die in der deutschen Kultur zu beobachten ist (SCHROLL-MACHL 2003). Zwar kann ein gewisses Bedürfnis nach Überblick vermutlich kulturübergreifend vorausgesetzt werden, doch welche Strukturen akzeptiert werden, ist von Kultur zu Kultur unterschiedlich. So beschreibt der amerikanische Psychologe RICHARD NISBETT in seiner Studie über *The geography of thought. How Asians and Westerners think differently … and why* einen der Unterschiede zwischen westlichem und ostasiatischem Denkstil folgendermaßen: „Westerners have a strong interest in categorization, which helps them to know what rules to apply to the objects in question, and formal logic plays a role in problem solving. East Asians, in contrast, attend to objects in their broad context. The world seems more complex to Asians than to Westerners, and understanding events always requires consideration of a host of factors that operate in relation to one another in no simple, deterministic way. Formal logic plays little role in problem solving. In fact, the person who is too concerned with logic may be considered immature." (NISBETT 2003: XVI). Für eine Präsentation in China, Japan oder Korea wären die hier vorgestellten Regeln zur Strukturierung daher zu modifizieren.

Abendländische Logik

2 Die passende Struktur wählen

1 Mit Logikbäumen informieren oder überzeugen

Keine Samm-lung beliebiger Aspekte

Präsentationen, die das Ziel ‚informieren' verfolgen, sind häufig so aufgebaut, dass sie zu einem Thema eine Reihe von wichtigen Aspekten beleuchten:

> **Der Bayerische Wald**
> Die geographische Lage
> Die Entstehungsgeschichte
> Die Tierwelt
> Der Bayerische Wald in Zahlen

Das ist eine übersichtliche Struktur, doch fehlt die Hauptaussage – und damit ein zwingender Grund, warum gerade diese Unterpunkte von Bedeutung sind. Zu den aufgezählten Punkten könnte man problemlos noch eine Reihe von weiteren interessanten Aspekten hinzufügen. Zudem ist zu vermuten, dass sich im letzten Punkt Zahlen finden, die auch schon in den vorigen Kapiteln vorkommen.

Hauptaussage und Unterpunkte

Zielgerichtete Information bedeutet, das Thema als Hauptaussage zu konkretisieren. Die Unterpunkte, die sich dann ergeben, decken die Hauptaussage umfassend ab:

> **Der Bayerische Wald – ein attraktiver Lebensraum**
> Die Menschen
> Die Tiere
> Die Pflanzen

> **Der Bayerische Wald – ein bedeutsamer Wirtschaftsstandort**
> Die Waldwirtschaft
> Die Viehwirtschaft
> Der Tourismus

Stringente Struktur

Die Unterpunkte beantworten eine Frage, welche die Überschrift hervorruft: Für wen ist der Bayerische Wald ein attraktiver Lebensraum? Welche Branchen machen ihn zu einem bedeutsamen Wirtschaftsstandort? Aufgrund dieser Stringenz wirken solche Strukturen in sich geschlossen und damit überzeugend.

Um solche Baum-Strukturen auf logische Klarheit zu prüfen, wurden in der Praxis Tests entwickelt, welche die zugrunde liegende Logik in leicht merkbare Begriffe fassen.

Praktikertests

MINTO bezeichnet ihren Test mit dem Akronym „MECE": „Mutually exclusive collectively exhaustive". Die Elemente einer Gruppe schließen sich gegenseitig aus und bilden gemeinsam ein Ganzes (MINTO 2005: 98).

„MECE"

Damit eine Gruppe von Aussagen das „Güte-Siegel" von ROLAND BERGER STRATEGY CONSULTANTS erhält, müssen die Aussagen innerhalb einer solchen „logischen Gruppe" vier Kriterien erfüllen:

„GÜTE-Siegel"

▶ Gleichartig: Die Aussagen sind inhaltlich und formal gleichartig formuliert.
▶ Überschneidungsfrei: Die Aussagen beziehen sich auf sich gegenseitig ausschließende Bereiche.
▶ Treffend: Jede Aussage ist präzise formuliert (und ggf. mit Zahlen belegt).
▶ Erschöpfend: Die Aussagen decken alle relevanten Punkte ab.
Mit den beiden Kriterien „gleichartig" und „treffend" nutzt dieser Test Sprache als Instrument, um logische Brüche zu entdecken (BARTH 2003: 538).

Der „GUT"-Test, den die Verfasserin entwickelt hat und einsetzt, ist erkennbar von diesen beiden Tests inspiriert und besteht aus drei Kriterien:

„GUT"-Test

▶ Gleichartig: Die Aussagen jeder Gruppe sind gleichartig formuliert.
▶ Umfassend: Die Aussagen jeder Gruppe decken die übergeordnete Aussage vollständig ab.
▶ Trennscharf: Die Aussagen innerhalb einer Gruppe überschneiden sich nicht.

In beruflichen Präsentationen geht es generell um zwei Sachverhalte: um Probleme einerseits und um Lösungen, Ergebnisse, Ziele andererseits. Präsentationen können problemorientiert sein, das heißt, sie informieren über den Status quo. Oder sie können ergebnisorientiert sein, dann beschreiben sie ein Ziel, eine Lösung, ein Ergebnis. In beiden Fällen dienen Fragen als Mittel, die Hauptaussage gezielt zu untergliedern und logische Brüche in den Unteraussagen zu vermeiden.

Zwei Arten zu informieren

Problemorientiert   Das folgende Beispiel zeigt, wie ein typisches Problem eines Unternehmens untergliedert werden kann.

> *Beispiel:*
> „Unser Unternehmen verliert Marktanteile."

Zwei Arten von Fragen sind möglich:
▶ Die Frage nach dem ‚Wie': Wie äußert sich das Problem genau?
▶ Die Frage nach dem ‚Warum': Welche Ursachen haben zu dem Problem geführt?

Fragen stellen   Je nachdem, welche Frage Sie stellen, geben Sie der Präsentation eine spezifische Richtung – Sie beschreiben den Zustand oder Sie analysieren die Ursachen.

‚Wie?'   Die Frage nach dem ‚Wie' fragt nach dem Zustand, Ergebnis ist eine genaue Beschreibung des Status quo. Ein Beispiel:

> *Beispiel:*
> „Unser Unternehmen verliert Marktanteile."

Frage ‚wie?': „Wie äußert sich das Problem genau?"
Mögliche Untergliederung:
▶ In Deutschland von 70 % auf 50 % gesunken
▶ Im übrigen Europa von 30 % auf 20 % gesunken
▶ In Amerika bei 10 % stagnierend

Diese Untergliederung ist ‚gut' im Sinne des „GUT"-Tests, falls dies die Märkte sind, in denen das Unternehmen präsent ist. Die besondere Hervorhebung Deutschlands kann gerechtfertigt sein, wenn es sich um den wichtigsten Markt handelt. (Im Übrigen muss natürlich deutlich gemacht werden, ob es sich um den Marktanteil nach Menge oder nach Wert der abgesetzten Produkte handelt.)

‚Warum?'   Die Frage nach dem ‚Warum' zielt auf die Ursachen; Ergebnis ist eine genaue Analyse der Ereignisse, die zu dem Status quo geführt haben. Dasselbe Beispiel, mit dieser Frage strukturiert:

> *Beispiel:*
> „Unser Unternehmen verliert Marktanteile."

Frage ‚warum?': „Welche Ursachen haben zu dem Problem geführt?"

Hier ist es schwieriger, eine Untergliederung zu finden, die das Thema umfassend abdeckt und trennscharf untergliedert. Vorsicht vor Aufzählungen von der Art: „Die Marketing-Maßnahmen waren verfehlt", „In Amerika sind neue Bestimmungen in Kraft getreten, die unsere Produkte nicht erfüllen", „Die Service-Abteilung ist seit Monaten unterbesetzt". Sie mögen richtig sein, erfüllen aber kaum den Anspruch, das Problem umfassend zu beschreiben und zu analysieren. Eine umfassende und trennscharfe Untergliederung könnte zunächst nach internen und externen Gründen unterscheiden: Externe Ursachen sind Faktoren, die von anderen Akteuren bestimmt werden, also anderen Unternehmen in der Branche (den Wettbewerbern) oder Institutionen (wie Regierungen). Interne Ursachen stellen Faktoren dar, die das Unternehmen selbst beeinflussen kann. Diese Reihenfolge ist übrigens schon mit Blick auf das Publikum gewählt: Zunächst wird auf die externen Gründe eingegangen (für die die Anwesenden nicht verantwortlich gemacht werden können), bevor man auf die internen Gründe kommt (bei denen sich einige der Anwesenden sehr wohl angesprochen fühlen werden). Die externen und internen Faktoren können dann wiederum mit geeigneten Modellen untersucht werden – externe Faktoren beispielsweise nach Wettbewerbern, interne Faktoren nach den absatzpolitischen Instrumenten eines Unternehmens (Marketing-Mix).

Beispiel:
„Unser Unternehmen verliert Marktanteile."

Frage ‚warum?'
1. Externe Gründe: Die Rahmenbedingungen haben sich geändert.
    ▶ Unsere Wettbewerber treten mit neuem Marketing auf.
    ▶ In wichtigen Märkten sind hindernde Vorschriften in Kraft getreten.
2. Interne Gründe: Unser Marketing-Mix zeigt Schwächen.
    ▶ Produktgestaltung ist veraltet.
    ▶ Preise sind zu hoch.
    ▶ Kommunikation verfehlt die Zielgruppe.
    ▶ Distribution weist Lücken auf.

Ergebnisorientiert

Ergebnisorientierte Strukturen stellen das Ziel, die Lösung in den Mittelpunkt. Sie nennen Gründe, warum dieses Ziel verfolgt werden sollte, oder beschreiben die nötigen Schritte auf dem Weg dahin. Ergebnisorientierte Präsentationen bieten den Vorteil, dass sie zukunftsgerichtet und positiv wirken – problemorientierte Präsentationen laufen mitunter Gefahr, in der Betrachtung der Vergangenheit verhaftet zu bleiben und einer Person oder einer Abteilung im Unternehmen die Schuld an vergangenen Fehlentwicklungen zu geben. Wo immer möglich, sollte man daher Ergebnisse, Lösungen und Ziele in den Mittelpunkt stellen. Im Übrigen kann man eine problemorientierte Struktur leicht in eine ergebnisorientierte Struktur umwandeln, wie das nachfolgende Beispiel zeigt.

Beispiel:
„Unser Ziel: Marktanteil zurückgewinnen."

Frage ‚wie?'
1. Rahmenbedingungen im Blick behalten.
    ▶ Wettbewerber künftig genauer beobachten.
    ▶ Vorschriften in wichtigen Märkten überprüfen.
2. Marketing-Mix neu ausrichten.
    ▶ Produkte neu gestalten.
    ▶ Preise anpassen.
    ▶ Kommunikation auf Zielgruppe ausrichten.
    ▶ Distributionslücken schließen.

Mögliche Fragen

Auch aus den Hauptaussagen von ergebnisorientierten Präsentationen lassen sich grundsätzlich zwei Fragen ableiten: Die Frage „Warum sollen wir das tun?" zielt auf die Gründe, die für den Vorschlag sprechen. Die Frage „Wie können wir das erreichen?" zielt auf die Schritte, die zum gewünschten Ziel führen.

‚Warum?'

Um noch einmal das Beispiel aufzugreifen: Das Unternehmen will seinen weltweiten Marktanteil erhöhen, indem es neue Märkte erschließt. Die Beispiel-Präsentation plädiert für Zentralafrika. Vermutlich tut der Präsentierende gut daran, wenn er in einer ersten Präsentation begründet, warum dieser Markt gute Chancen bietet. Die Struktur könnte also folgendermaßen aussehen:

Beispiel:
„Wir sollten Zentralafrika als Markt erschließen."

Frage ‚warum?'
1. Die Chancen des Marktes überwiegen die Risiken.
    ▶ Der Markt bietet große Chancen.
    ▶ Die Risiken sind überschaubar.

2. Unser Unternehmen verfügt über die nötigen Fähigkeiten.
  ▶ Wir verfügen über wichtige Stärken.
  ▶ Unsere Schwächen lassen sich ausgleichen.

Betriebswirte erkennen das Modell, das dieser Strukturierung **SWOT-Analyse**
zugrunde liegt: Die SWOT-Analyse, die Stärken und Schwächen
des Unternehmens (,strenghts, weaknesses') mit den Chancen und
Risiken des Markts (,opportunities, threats') in Relation setzt und
als strategisches Instrument für die Einschätzung von Märkten
dient (SIMON 2002). Deutlich wird, dass diese Struktur nicht mehr
allein das Ziel ,informieren' verfolgt, sondern auch das Ziel ,über-
zeugen'. Wie anfangs gesagt: Häufig mischen sich diese beiden
Ziele in der Praxis.

Angenommen die erste Präsentation (oder der erste Teil der Präsen-   **,Wie'**
tation) hat die Geschäftsführung des Unternehmens überzeugt, diesen Markt zu erschließen, dann kann als nächstes die Frage nach
dem ,Wie' gestellt und beantwortet werden. Mehrere Untergli-
derungen sind möglich:

▶ Nach Alternativen des Vorgehens: im Alleingang oder mit einem
  Partner
▶ Nach der Logik des Vorgehens (Schritte, Phasen)
▶ Nach dem Zeitpunkt der einzelnen Maßnahmen: kurzfristig,
  mittelfristig, langfristig
▶ Nach Instrumenten zur Markterschließung: z.B. dem Marke-
  ting-Mix (Produkt, Preis, Kommunikation, Distribution)

Für die erste Ebene sollte diejenige Untergliederung gewählt werden, welche die vorrangige Frage des Publikums am schnellsten
beantwortet. Eine mögliche Untergliederung könnte so aussehen:

Beispiel:
„Wir sollten Zentralafrika als Markt erschließen."

Frage ,wie?'
1. Im Alleingang
  ▶ Vertriebsbüro in einem Land der Region eröffnen.
  ▶ Markt erkunden.
  ▶ Marketing-Mix festlegen.
  ▶ Niederlassungen in allen Ländern der Region eröffnen.

2. Mit einem Partner
   ▸ Kriterien für geeigneten Partner festlegen.
   ▸ Mögliche Partner suchen und Auswahl treffen.
   ▸ Verhandlungen führen und Entscheidung treffen.
   ▸ Kooperationsvertrag schließen.

Auf der ersten Ebene (1., 2.) wurden die Alternativen des Vorgehens gewählt, auf der zweiten Ebene (–) werden die jeweiligen Schritte der beiden Alternativen aufgeführt. Hier sind beide Untergruppen nach der gleichen Logik aufgebaut, dies ist allerdings nicht zwingend notwendig. Möglich wäre auch, die erste Gruppe nach den Instrumenten der Markterschließung zu untergliedern.

Beispiele aus anderen Bereichen

Betriebswirtschaftliche Modelle eignen sich verständlicherweise besonders zur Strukturierung von Themen aus dem beruflichen Kontext. Doch gibt es genügend Beispiele aus anderen Bereichen.

Jura

In den Rechtswissenschaften gehört diese Art von Strukturdenken zur täglichen Praxis: „Mandanten erzählen Geschichten. Anwälte verwenden Strukturen, um Geschichten in Rechtsfälle zu verwandeln und Fälle zu lösen. ... Eine Struktur ist ein Hilfsmittel, mit dem Sie Ordnung in eine Geschichte bringen können. ... Alle juristische Tätigkeit besteht darin, derartige Strukturen zu finden, zu bilden, zu formulieren und auf Geschichten anzuwenden, um mögliche Lösungen zu finden und sachgerechte Entscheidungen zu treffen." (HAFT 2005: 3f) So erfolgt die Prüfung und Beurteilung von Ansprüchen nach dem Muster des Baums. Unter ‚Anspruch‘ versteht das Zivilrecht das Recht eines Gläubigers, vom Schuldner ein Tun oder Unterlassen zu verlangen. Ansprüche gründen sich entweder auf Gesetze oder auf Vereinbarungen von Gläubiger und Schuldner. Damit ein Anspruch gegeben ist, müssen dessen Anspruchvoraussetzungen erfüllt sein.

Gutachten- und Urteilsstil

Entsprechend sind juristische Texte streng logisch aufgebaut – mit einem Unterschied, der sich ihrer Zielsetzung verdankt. Gutachten benennen zunächst den Anspruch und überprüfen dann dessen Anspruchsgrundlagen einzeln daraufhin, ob sie erfüllt sind oder nicht. Die Schlussfolgerung (‚Anspruchsgrundlagen erfüllt/nicht erfüllt‘ ‚Anspruch begründet/nicht begründet‘) steht am Ende, da Gutachten eine Entscheidung vorbereiten (und nicht vorwegnehmen) sollen (Gutachtenstil). Urteile hingegen begründen eine Entscheidung und argumentieren daher konsequent ‚von oben nach unten‘: Die Entscheidung steht am Anfang, die Prämissen werden anschließend benannt (Urteilsstil). Die logische Struktur der rechtlichen Begründung ist jedoch in beiden Fällen gleich.

Baumstrukturen spielen auch in der Informatik eine Rolle. Sie stellen eine Unterform von Datenstrukturen dar. Die Funktion solcher Datenstrukturen besteht darin, Daten zu ordnen und sie auf verschiedene Weise zu verknüpfen, um auf sie zugreifen und sie verwalten zu können. Doch ist es nicht immer einfach, typische Themen der Informatik trennscharf zu untergliedern. Das Thema ‚Informationssysteme im Unternehmen‘ beispielsweise wird häufig in drei Bereiche aufgeteilt, die den Status quo zutreffend beschreiben, sich aber leicht überschneiden: Benutzer, Inhalte (‚Content‘), technisches System. **Informatik**

Auch mit klassischen geistes- und kulturwissenschaftlichen Kategorien lässt sich experimentieren. So kann es sich durchaus einmal anbieten, eine Präsentation nach den fünf Akten eines klassischen Dramas (Exposition, Komplikation, Peripetie, Retardation, Auflösung) zu untergliedern. **Geistes- und Kulturwissen-schaften**

2 Mit Argumentationsfiguren überzeugen

Das Beispiel ‚Zentralafrika‘ zählt die Gründe auf, die für einen Markteintritt des Unternehmens sprechen, und weist damit eine Struktur auf, die nicht nur informieren, sondern auch überzeugen will. Expliziter auf das Ziel ‚überzeugen‘ ausgerichtet sind Strukturen, die eine begrenzte Anzahl von Elementen in Form einer Reihe oder einer Kette verknüpfen: Argumentationsfiguren (*vgl. Abb. 3.3*). **Grundstruktur**

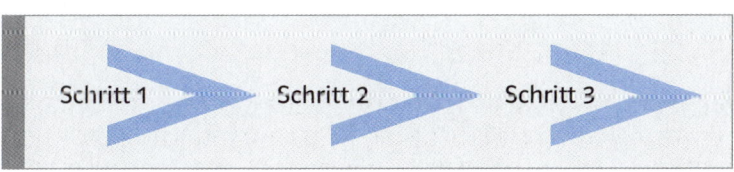

Abb. 3.3: Grundstruktur von Argumentationsfiguren

Solche Kettenstrukturen nutzen die Grundform eines logischen Schlusses: des Syllogismus. Syllogismen sind nach einem gleich bleibenden Muster aufgebaut: Zwei Prämissen (Obersatz und Untersatz) führen zu einer Konklusion (*vgl. Abb. 3.4*). Der Obersatz enthält eine allgemeine Aussage („Alle Menschen sind sterb- **Syllogismus** lich"), der Untersatz eine Aussage über einen Einzelfall („Sokrates ist ein Mensch"). Die Konklusion stellt die Schlussfolgerung aus den beiden Prämissen dar („Also ist Sokrates sterblich"). Damit diese Operation durchgeführt werden kann, müssen beide Prämissen einen gemeinsamen Begriff aufweisen, der sie miteinander verknüpft („Mensch").

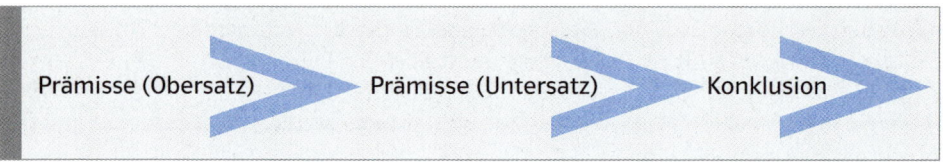

Abb. 3.4: Syllogismus

Argumentations-figuren

Auch den Argumentationsfiguren der Rhetorik liegt als Grundstruktur ein Dreischritt zugrunde. Am Anfang steht der Bezug auf die Situation, von der die Argumentation ausgeht, und am Ende die Konsequenz, auf welche die Argumentation hinausläuft. In der Mitte erfolgt die eigentliche Argumentation, welche die Belege für die Richtigkeit oder Notwendigkeit der Konsequenz liefert (*vgl. Abb. 3.5*).

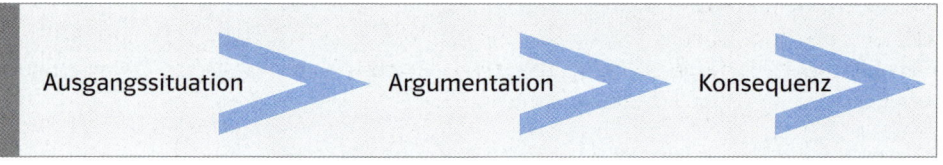

Abb. 3.5: Grundstruktur einer Argumentation (nach ALLHOFF 2006: 88)

Argumentationen verfolgen unterschiedliche Ziele: Sie können eine Meinung begründen, eine (andere) Meinung berichtigen oder (mindestens zwei) Meinungen vergleichen und ein Fazit ziehen (ALLHOFF 2006: 87–93).

Fünfsatz

Die eigentliche Argumentation kann aus mehreren Schritten bestehen. Eine bekannte Form ist der so genannte ‚Fünfsatz' (*vgl. Abb. 3.6*).

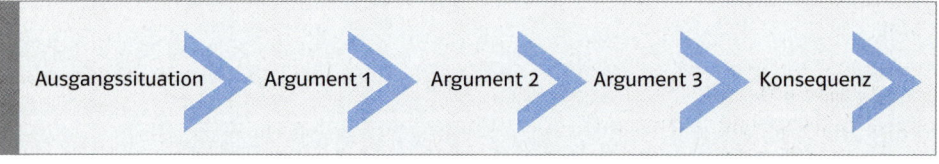

Abb. 3.6: Struktur eines Fünfsatzes

Die einzelnen Argumente eines Fünfsatzes können unterschiedlich miteinander verbunden werden: nach der zeitlichen Reihenfolge (chronologisch) oder nach einem anderen logischen Ordnungsprinzip. Fünfsätze können auch Pro und Contra eines Themas abwägen oder einen Kompromiss vorschlagen (Beispiele zum Aufbau von Präsentationen mit Fünfsätzen in Grünig & Mielke 2004: 67f).

Wie aber vereinbart man nun eine solche schlussbetonte Struktur mit der Anforderung, die Hauptaussage an den Anfang zu stellen? Argumentationsfiguren beziehen ihre Überzeugungskraft aus der Abfolge der einzelnen Argumente. Sie sparen in der Regel die Hauptaussage für den Schluss auf: für die Konsequenz bzw. den Zwecksatz. So kann der Redner das Publikum Schritt für Schritt auf seinem Gedankengang mitnehmen. Häufig wird empfohlen, das stärkste Argument an die letzte und das zweitstärkste an die erste Position des argumentativen Mittelteils zu setzen und so die Spannung und die Überzeugungskraft der Argumentation zu erhöhen. Für die Herstellung einer solchen Argumentation wird allerdings immer empfohlen, die Konsequenz als erstes zu formulieren.

Hauptaussage am Schluss?

Für Präsentationen im beruflichen Kontext bietet sich m. E. als Struktur eher der Dreischritt an, weil er schneller zum Ziel führt und den besseren Überblick erlaubt. Kombiniert mit dem Prinzip, die Hauptaussage an den Anfang zu stellen, müssen die drei Aussagen einen hohen Abstraktionsgrad aufweisen:

Eher Dreischritt als Fünfsatz

Beispiel Dreischritt:
„1. Vieles spricht dafür …
  2. Andererseits sprechen mehr Argumente dagegen …
    ▶ Argument 1
    ▶ Argument 2
    ▶ Argument 3
  3. Daher empfehle ich …“

Zugegebenermaßen kann eine solche Zusammenfassung das Gewicht der einzelnen Argumente schwächen, die im Dreischritt erst auf den unteren Ebenen genannt werden. Zum Vergleich der Fünfsatz:

Beispiel Fünfsatz:
„1. Vieles spricht dafür …
  2. Aber Argument 1 spricht dagegen …
  3. Auch Argument 2 weist in diese Richtung …

4. Und Argument 3 bestärkt dies …

5. Daher empfehle ich …"

Das eigentliche Problem besteht jedoch in der Frage: Kann es bei einer solchen argumentativen Struktur eine Hauptaussage auf der obersten Ebene geben und wie könnte sie lauten? Beide Argumentationen ließen sich unter die Hauptaussagen fassen „Stellungnahme zu XYZ", „Pro und Contra von XYZ", „Empfehlung zur Ablehnung von XYZ". Bis auf die letzte Version sind dies jedoch keine sehr aussagekräftigen Sätze.

Praxisformen

In der Praxis hat sich eine Argumentationsform gebildet, die auf dem Syllogismus beruht und dessen Form für die Argumentation nutzt. Minto nennt diese Form „deduktive Argumentation" (MINTO 2005: 74), ROLAND BERGER STRATEGY CONSULTANTS nennt sie „Logische Kette". Die Logische Kette besteht aus drei Schritten: Situation – Kommentar – Konklusion (BARTH 2003: 540f).

Beispiel:
Als Beispiel sei noch einmal das Service-Unternehmen aufgegriffen, das Kunden verliert und Gegenmaßnahmen einleiten muss (*siehe Kapitel 2.2*). Der Präsentierende will für organisatorische Änderungen im Unternehmen plädieren und diese überzeugend begründen. Die Argumentationsstruktur seiner Präsentation könnte folgendermaßen aussehen (die eingeklammerten Konjunktionen verdeutlichen den argumentativen Zusammenhang):

„1. Unsere Wettbewerber haben im letzten Jahr Kunden gewonnen. (Aber:)

2. Unser Unternehmen hat im gleichen Zeitraum Kunden verloren. (Daher:)

3. Unser Unternehmen sollte sich kundenorientierter organisieren."

In drei Schritten die Frage ‚warum?' beantworten

Die erste Aussage kann man als ‚Situation' bezeichnen: Sie beschreibt die Ausgangslage. Dieser Schritt muss auf der folgenden Unterebene durch einzelne Belege untermauert werden. Die zweite Aussage funktioniert wie ein Kommentar und nimmt einen Aspekt aus der ‚Situation' auf – hier die Kunden – und stellt ihn in einen neuen Zusammenhang – hier die Wettbewerber. Auch dieser Schritt muss auf der folgenden Unterebene durch Fakten belegt werden. Aus den ersten beiden Aussagen ergibt sich eine Schlussfolgerung. Diese Aussage, dass sich das Unternehmen kundenorientierter organisieren sollte, wird aus der Kombination eines externen (auf die Wettbewerber, d. h. den Markt bezogenen) Arguments und eines internen (auf das Unternehmen bezogenen) Arguments abgeleitet. Diese Anordnung von Aussagen verleiht der Argumentation ihre Überzeugungskraft. Zusammengenommen geben sie eine Antwort auf die Frage ‚warum?'.

Wo bleibt nun aber die Hauptaussage? Minto beschreibt die übergeordnete Aussage als „ungefähre Zusammenfassung der darunter angeordneten Ideen" (MINTO 2005: 74). Der Ansatz von Roland Berger Strategy Consultants definiert die Hauptaussage der „Logischen Kette" als diplomatisch formulierte Version der Schlussfolgerung (BARTH 2003: 541).

Hauptaussage

Demzufolge könnte die Hauptaussage lauten: „Unser Unternehmen sollte sich stärker auf die Kunden ausrichten", die Schlussfolgerung könnte dann konkreter gefasst lauten: „Unser Unternehmen sollte Vertrieb und Service zusammenlegen."

Beispiel:
„Unser Unternehmen sollte sich kundenorientierter organisieren."
1. Unsere Wettbewerber haben im letzten Jahr Kunden gewonnen.
2. Unser Unternehmen hat im gleichen Zeitraum Kunden verloren.
3. Unser Unternehmen sollte Vertrieb und Service zusammenlegen.

Die Argumentation lässt sich auch umkehren Aussage 1 und 2 können getauscht werden:

Beispiel:
„Unser Unternehmen sollte sich kundenorientierter organisieren."
1. Unser Unternehmen hat im letzten Jahr Kunden verloren.
2. Unsere Wettbewerber haben im gleichen Zeitraum Kunden gewonnen.
3. Unser Unternehmen sollte Vertrieb und Service zusammenlegen.

Weil hier im ersten Schritt das Unternehmen angesprochen wird (und damit die anwesenden Verantwortlichen), fällt diese Argumentation direkter und möglicherweise konfrontativer aus. Das kann für manche Gelegenheiten geeignet sein – nur sollte man sich dann auf entsprechenden ‚Gegenwind' einstellen. In jedem Fall ist darauf zu achten, dass die beiden ersten Schritte nahtlos ineinander passen und zwingend zum dritten Schritt führen. Ist dies nicht der Fall, kann die Schlussfolgerung in der Diskussion leicht angegriffen werden, indem einer der beiden ersten Schritte angezweifelt und widerlegt wird.

Positiv verstärken

Das Muster kann auch eingesetzt werden, um eine positive Ausgangslage argumentativ zu verstärken; die beiden ersten Aussagen werden dann durch ein ‚und' verbunden:

> *Beispiel:*
> „Unser Unternehmen sollte expandieren."
> 1. Der Markt bietet gute Aussichten.
>   (Und:)
> 2. Unser Unternehmen verfügt über gute Voraussetzungen.
>   (Daher:)
> 3. Unser Unternehmen sollte in neue Regionen expandieren.

3   Kombinationen

Logikbäume und Dreischritt

Beide Formen der Strukturierung – die Gruppierung nach Logikbäumen und der Dreischritt – können kombiniert werden (*vgl. Abb. 3.7*). So erhält man auch für längere Präsentationen eine klare Struktur. Zu beachten ist jedoch, dass die Strukturierung nach dem Baumprinzip meist einfacher herzustellen und nachzuvollziehen ist. Der Dreischritt sollte nur für Sachverhalte herangezogen werden, die – aus Sicht des Publikums, nicht des Präsentierenden! – Schritt für Schritt hergeleitet werden müssen.

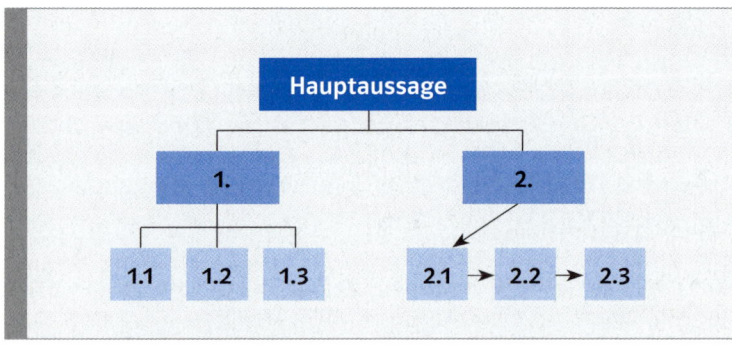

Abb. 3.7: Kombinationen von Logikbäumen und Dreischritt

Mit den vorgestellten Mustern lassen sich Präsentationen übersichtlich strukturieren. Sie sind Grundformen, die je nach Bedarf variiert und an die jeweilige Hauptaussage angepasst werden können (*vgl. Abb. 3.8*). Sie stellen jedoch keinen verbindlichen Kanon dar. Innovative Untergliederungen sind jederzeit möglich – vorausgesetzt, sie bieten dem Publikum eine nachvollziehbare Orientierung und eine ansprechende Übersicht.

Innovationen möglich

Untergliederung	Anwendungsbereich und Erläuterung	Hinweise
Intern – extern	• Unternehmen versus Markt oder Wettbewerber • Unternehmenseinheit versus Gesamtunternehmen	anwendbar auch auf nicht wirtschaftliche Akteure
Maßnahmen: kurzfristig – mittelfristig – langfristig	• Maßnahmenpläne • Aktionsorientierte Entscheidungsvorlagen	schwierig in der Handhabung: Wann ist eine Maßnahme kurzfristig? Geht man vom Zeitpunkt aus, an dem die Maßnahme eingeleitet wird oder an dem sie wirksam wird?
Marktchancen: Angebot – Nachfrage	• Marktanalyse • Unternehmensstrategie • Produktstrategie (v. a. Preisgestaltung)	
Marketing-Mix: Produkt – Preis – Kommunikation – Distribution	Produktstrategie	auch die „vier P" genannt. Product, Price, Promotion, Place; mitunter auf 5 oder 7 P erweitert (z. B. für Dienstleistungsbranche)
Kosten – Nutzen	Bewertung von Optionen	
Kosten: Fixe Kosten – Variable Kosten	Kostenanalyse	nur eine mögliche Untergliederung von Kostenarten
Ergebnis: Umsatz – Kosten	Rentabilitätsanalyse, ergibt sich aus der Formel: Ergebnis (Gewinn) = Umsatz minus Kosten	

Untergliederung	Anwendungsbereich und Erläuterung	Hinweise
SWOT-Analyse	• Markt- und Unternehmens-analyse: Stärken und Schwächen des Unternehmens („strenghts, weaknesses") werden den Chancen und Risiken des Markts („opportunities, threats") gegenübergestellt	

Abb. 3.8: Möglichkeiten zur Strukturierung wirtschaftlicher Themen (Auswahl)

3   Die Präsentation strukturiert erarbeiten

Publikum im Blick

Wie erarbeitet man eine überzeugende Präsentationsunterlage in zumeist knapp bemessener Zeit? Die Antwort lautet: zum einen, indem man das künftige Publikum während der Erarbeitung der Präsentation nicht aus den Augen verliert. Zum anderen, indem man das Strukturprinzip des ‚Baums' für den Prozess der Erarbeitung nutzt.

Hauptaussage als Startpunkt

Als Ergebnis des Schrittes „Fokussieren" haben Sie die Hauptaussage der Präsentation notiert. Diese Hauptaussage bildet den Ausgangspunkt für die folgenden Schritte. Falls Sie mit dem Thema schon vertraut sind, können Sie sofort mit dem Schritt „Strukturieren" beginnen. Wenn das Thema neu für Sie ist oder Sie sich zunächst einen Überblick verschaffen wollen, können Sie eine Phase des Ideen-Sammelns vorschalten. Das funktioniert tatsächlich auch, wenn man über das Thema überhaupt noch nichts weiß, daher empfiehlt es sich auf jeden Fall, die ausführliche Materialrecherche vorläufig zurückzustellen. Denn mit ungezielter Materialsuche verliert man häufig viel Zeit. Auch ein zweiter Grund spricht dafür: Berge von Material, die man mühsam gesammelt hat, wollen schließlich verarbeitet werden. So entstehen jene Präsentationen, deren Datenfülle jedes Publikum erschlägt.

Ideen sammeln

Um Ideen zu sammeln, kann man auf bewährte Methoden zurückgreifen: ein Brainstorming machen, Listen schreiben, Skizzen oder Mind Maps zeichnen. Gemeinsam ist allen Methoden, dass sie auf das Prinzip der ungefilterten Assoziation setzen. Es geht darum, alles was man weiß, möglichst rasch zu Papier zu bringen, ohne die Notizen zu zensieren oder sie nach einer strikten Ordnung zu sortieren.

An den Regeln des Brainstorming ist dieses Prinzip klar zu erkennen: Zum vorgegebenen Thema wird jede Idee geäußert, keine Äußerung wird kritisiert, Ideen dürfen aufgegriffen und weiterentwickelt werden. Alle Ideen werden umgehend aufgeschrieben (entweder durch einen Moderator oder durch die Teilnehmer selbst) und für alle sichtbar platziert. Ziel des Brainstorming ist es, eine möglichst große Zahl von Ideen in kurzer Zeit zu erhalten.

Brainstorming

Diese Methode kombiniert Brainstorming (oder genauer gesagt Brainwriting) mit einer Visualisierungstechnik. Die Methode der „Mind Map®" wurde von TONY BUZAN in den 60-er Jahren entwickelt, wobei die Darstellung von Informationen als Übersichtskarte jedoch schon früher belegt sein soll (http://en.wikipedia.org/wiki/Mindmap). BUZAN begründet seine Methode zudem mit dem Hemisphären-Modell des Gehirns, nach dem das verbale Denken in der linken Gehirnhälfte (von oben gesehen) und das nonverbale, bildliche Denken in der rechten Gehirnhälfte statt findet. Der Einsatz von Bildern und Farben in Mind Maps soll die rechte Gehirnhälfte aktivieren und so weitere Ideen erzeugen. Auch wenn diese vereinfachten Annahmen über die Funktionen des Gehirns im Lichte der heutigen Forschung nicht haltbar sind, sollte dies nicht hindern, die Methode auszuprobieren.

Mit Mind Map

Das Vorgehen: In die Mitte eines möglichst großen Blatt Papiers wird das Thema formuliert oder besser noch als Bild gezeichnet. Von diesem Mittelpunkt ausgehend werden Hauptäste gezeichnet, wobei jeder Ast für einen zentralen Aspekt des Themas steht. Die Hauptäste verzweigen sich in Unteräste, auf denen die Begriffe stehen, die man zu dem Aspekt assoziiert. An jedem Ast steht immer nur ein Wort oder Bild. Als Zeitrahmen für eine solche Ideensammlung kann man von einer knappen Stunde ausgehen.

Vorgehen

Farben werden eingesetzt, um die Kreativität freizusetzen oder Zusammengehöriges zu markieren. In der Praxis wird mit Bildern und Farben eher selten gearbeitet – zum einen, weil es aufwändiger ist; zum anderen weil Zeichnen häufig als ‚kindisch‘ empfunden wird. Es lohnt sich jedoch, einmal die Variante mit Farben auszuprobieren, um festzustellen, ob man auf diese Weise mehr und neue Ideen erzielt.

Farben

Software

Eher technisch orientierte Menschen können auf entsprechende Software zurückgreifen, die das Erstellen einer Mind Map am Computer ermöglicht. Der Vorteil dieser Variante ist, dass Mind Maps per E-Mail übermittelt werden können (hilfreich bei Teamarbeit).

Ergebnis

Ergebnis ist eine Übersichtskarte, die alles enthält, was man zum Thema weiß – oder noch herausfinden muss. Mind Maps sind Übersichtskarten – nicht mehr und nicht weniger. Sie helfen, Ideen zu finden und zu visualisieren. Doch obwohl durch die baumähnliche Darstellung die Ideen schon teilweise strukturiert erscheinen, fehlt der Mind Map ein entscheidendes Element, das eine klare Struktur ausmacht: die logische Widerspruchsfreiheit. Denn es kann vorkommen, dass der gleiche Begriff an verschiedenen Stellen in der Mind Map auftaucht. Das ist kein Indiz dafür, dass die Mind Map logische Fehler aufweist, sondern bedeutet nur, dass der Begriff in unterschiedlichen Kontexten eine Rolle spielt. Logisch lückenlos braucht eine Mind Map gar nicht zu sein, weil sie ja in erster Linie Assoziationen fördern soll. Daher ist sie als Strukturierungsinstrument für Präsentationen nicht geeignet (auch wenn viele Vertreter der Methode inklusive BUZAN selbst dies behaupten). Um Strukturierung im strengen Sinn geht es im nächsten Schritt.

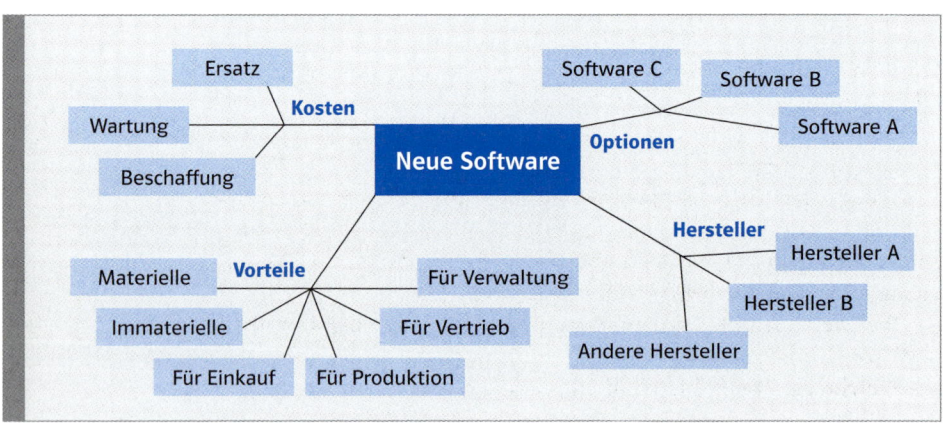

Abb. 3.9: Beispiel einer Mind Map

Thema strukturieren

Um eine klare logische Struktur zu erarbeiten, gibt es zwei Möglichkeiten: ,von oben nach unten' (,topdown') und ,von unten nach oben' (,bottomup'). (Falls eine Mind Map erstellt wurde, dient sie als Gedächtnisstütze für das bereits gesammelte Material oder wird zur weiteren Inspiration hinzugezogen.)

Bei dieser Vorgehensweise geht man von der Hauptaussage (‚von oben') aus und arbeitet sich Schritt für Schritt zu den Detail-aus-sagen (‚nach unten') vor. Diese Art zu arbeiten empfiehlt sich vor allem, wenn man sich im Thema bereits gut auskennt. In der Methode Geübte können auch neue Themen auf diese Weise rasch und zuverlässig durchdringen.

,Von oben nach unten'

Beispiel:
Um die Schritte zu verdeutlichen, wird noch einmal das Beispiel aus Kapitel 2 aufgegriffen. Die Hauptaussage lautet: „Option A bietet die meisten Vorteile". Ziel der geplanten Präsentation soll sein, über die Optionen zu informieren und vom Nutzen der Option A zu überzeugen.

Im ersten Schritt stellen Sie sich zwei Fragen:

Fragen stellen

▶ „Welche möglichen Fragen leiten sich aus dieser Aussage ab?"
▶ „Welche dieser Fragen wird das Publikum wohl (als erste) stellen?"

Mögliche Fragen könnten lauten:
▶ „Welche Optionen gibt es?"
▶ „Um welche Vorteile handelt es sich?"
▶ „Für wen bietet die Option Vorteile?"

Jede dieser Fragen führt zu einer möglichen Untergliederung der Hauptaussage:
▶ nach den Optionen
▶ nach den Vorteilen
▶ nach den Personengruppen, die mit der Option arbeiten werden

Manche Fragen scheiden in dieser Runde aus, weil sie die Haupt-aussage nicht direkt beantworten, wie beispielsweise:

Fragen aussortieren

▶ „Welche Optionen haben wir in der Vergangenheit auspro-biert?"
▶ „Welche Hersteller bieten die Optionen an?"

Diese Einschränkung der möglichen Alternativen ist im Sinne der Ziel- und Empfängerorientierung durchaus beabsichtigt. Ein Pro-blem stellt dies nur dar, wenn im Schritt „Fokussieren" die Haupt-aussage nicht sorgfältig genug auf das Thema und das Publikum abgestimmt wurde. So wäre es im Beispiel wenig zielführend, als erstes auf alle Optionen einzugehen, die in der Vergangenheit bereits ausprobiert wurden. Allerdings kann diese Frage auf einer unteren Ebene auftauchen – ebenso wie die Frage nach den Herstellern. Doch bleiben wir zunächst bei der ersten Ebene.

Frage auswählen

Welche Frage bzw. Untergliederung Sie auswählen, hängt von zwei Faktoren ab: vom Ziel der Präsentation und Ihrer Einschätzung des Publikums. Wenn Sie beispielsweise davon ausgehen können, dass die Zuhörer in erster Linie über die Optionen informiert werden wollen, können Sie diese Untergliederung wählen. Wenn Ihr Publikum voraussichtlich eher nach den Vorteilen fragen wird, dann entscheiden Sie sich besser für die Untergliederung nach Vorteilen. Wenn Sie gezielt die verschiedenen Gruppen im Publikum ansprechen und überzeugen wollen, wählen Sie die Untergliederung nach den Personengruppen, die mit der Option arbeiten werden.

Allerdings muss eines beachtet werden: Problemlos lassen sich die Optionen untergliedern (Option A, B, C etc.) sowie die Personengruppen (meist die Abteilungen im Unternehmen). Aber wie untergliedern Sie ‚Vorteile‘ sinnvoll? Solche unspezifischen Begriffe bergen die Gefahr, dass man einige Vorteile aufschreibt – und andere übersieht. Daher empfiehlt es sich, ‚Vorteile‘ zunächst so zu untergliedern, dass die Unterbegriffe umfassend und trennscharf sind: also beispielsweise in materielle Vorteile und immaterielle Vorteile. So stellt man sicher, dass man nichts übersieht.

Wichtigste Weichenstellung

Mit dieser Entscheidung ist die wichtigste Weiche für eine überzeugende Struktur der Präsentation gestellt. Die Antworten auf der ersten Ebene sind deswegen so bedeutsam, weil mit ihnen die Kernfrage des Publikums beantwortet wird. Sammeln Sie daher immer mehrere Alternativen und lassen Sie sich genügend Zeit, um sich für eine der Möglichkeiten zu entscheiden. Wenn Sie die Präsentation im Team erarbeiten, dann lohnt sich an dieser Stelle eine zielgerichtete Diskussion über Vor- und Nachteile der verschiedenen Untergliederungen.

Für jede Ebene wiederholen

Dieses Frage-Antwort-Spiel wiederholen Sie Ebene für Ebene, bis Sie das Thema so weit detailliert haben, wie es für Ihr Ziel und Ihr Publikum angemessen ist. Prüfen Sie jede Gruppe von Aussagen daraufhin, ob sie den „GUT"-Test (*siehe Kapitel 3.2*) besteht – so erhalten Sie eine ‚wasserdichte‘ Struktur. Das Ergebnis ist ein Strukturbaum, wie er beispielhaft in Abbildung 3.10 dargestellt ist.

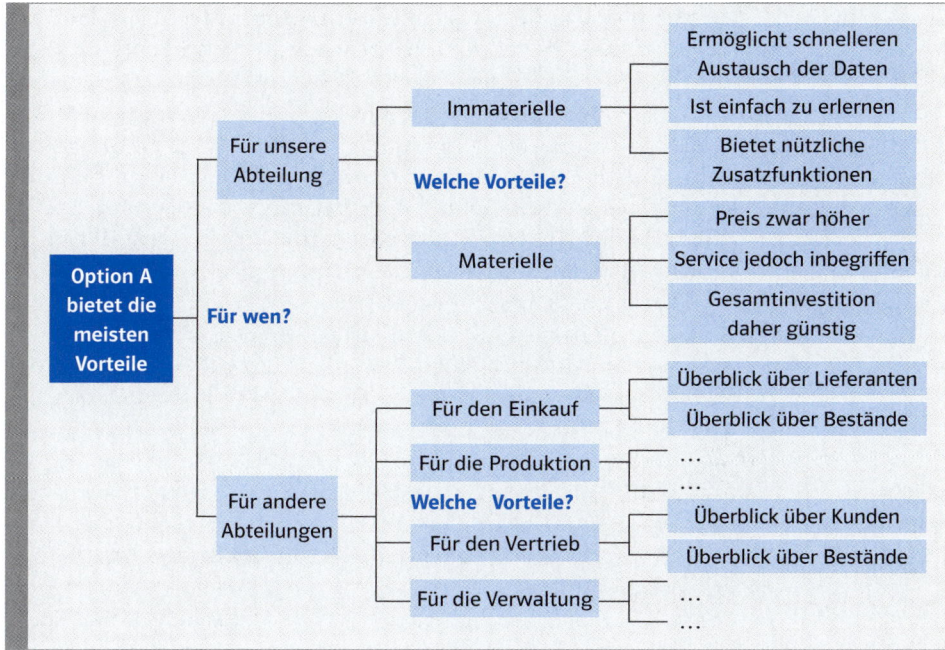

Abb. 3.10: Beispiel eines Strukturbaums

Bei dieser Vorgehensweise geht man von den Detailaussagen (‚von unten') aus und arbeitet sich Schritt für Schritt zur Hauptaussage (‚nach oben') vor. Diese Art zu arbeiten empfiehlt sich, wenn man das Thema noch überhaupt nicht kennt und man sich mit der Strukturierungsmethode ‚von oben nach unten' unsicher fühlt.

‚Von unten nach oben'

Im ersten Schritt sammeln Sie alle Fakten zum Thema und formulieren Aussagen (bzw. Hypothesen). Dazu schreiben Sie am besten jede Aussage auf eine Karteikarte oder einen (evtl. selbstklebenden) Zettel.

Aussagen sammeln

Im zweiten Schritt werden die gleichartigen Aussagen zusammengruppiert. Gleichartige Aussagen sind solche, die sich zu einer gemeinsamen übergeordneten Kategorie zusammenfassen lassen. Dabei gibt es meist mehrere Möglichkeiten – probieren Sie immer verschiedene aus und entscheiden Sie sich für diejenige, die das Interesse des Publikums am besten trifft.

Gruppieren

Übergeordnete Kategorie formulieren

Der dritte Schritt besteht darin, diese übergeordnete Kategorie zu formulieren, wenn möglich als Aussage bzw. Hypothese. Wenn die Aussagensammlung zum Thema „neue Software" beispielsweise die Aussagen ergibt: „Einkauf erhält besseren Überblick über Lieferanten" und „Einkauf erhält besseren Überblick über Bestände", dann lautet die übergeordnete Aussage „Vorteile für den Einkauf" oder „Besserer Überblick für den Einkauf".

Für jede Ebene wiederholen

Dieses Sammeln und Sortieren von Aussagen in Gruppen und das ‚Kondensieren' in übergeordnete Aussagen wird Ebene für Ebene wiederholt, bis man zur Hauptaussage gelangt. Erfahrungsgemäß zeichnet sich häufig auf halbem Weg ab, auf welche Hauptaussage die einzelnen Aussagen hinauslaufen – dann kann man problemlos zur Methode ‚von oben nach unten' wechseln.

„GUT"-Test durchführen

Außerdem sollten Sie in jedem Fall eine ‚von unten' erarbeitete Struktur darauf hin prüfen, ob sie den „Gut"-Test besteht. Auf diese Weise entdecken Sie eventuelle Lücken in der Struktur, die dann noch gefüllt werden können.

Kurztest

Wenn Sie Ihre eigene Präsentation vorbereiten und mit dem Ergebnis zufrieden sind, könnten Sie jetzt damit beginnen, gezielt das erforderliche Material zu beschaffen. Doch noch ein Tipp: Zeigen Sie diese Struktur einer Testperson und bitten Sie sie um Feedback.Unter Umständen erhalten Sie wertvolle Tipps, können die Struktur mit wenig Aufwand noch verbessern und sparen dadurch wertvolle Zeit.

Okay einholen

Im Falle einer Auftragspräsentation ist dieser Schritt ein absolutes Muss. Holen Sie sich das Feedback – und die Zustimmung – zur erarbeiteten Struktur vom Auftraggeber.

ZUSAMMENFASSUNG

Sie sehen: Diese Methode beruht auf (vorweggenommenen) Fragen und Antworten. Das macht diese Arbeitsweise so effizient – sie hat immer das Publikum und das Ziel der Präsentation im Blick. Dabei ist es entscheidend, nicht nur mit Stichworten zu arbeiten, sondern mit Aussagen (bzw. Hypothesen). Erstens funktioniert der „Gut"-Test nur bei Aussagen. Zweitens haben Sie einen Teil des nächsten Schritts „Formulieren" schon mit erledigt. Drittens ist Ihr Entwurf bereits in diesem Stadium selbst erklärend, so dass Sie ihn Ihrem Auftraggeber wenn nötig auch ans andere Ende der Welt mailen könnten.

Wenn Sie sich mit dem Thema auskennen, sind vermutlich alle wichtigen Aussagen und Fakten schon im Entwurf enthalten und Sie können direkt zum nächsten Schritt „Formulieren" übergehen. Wenn Sie mit Hypothesen gearbeitet haben, werden Sie einige Zeit benötigen, die fehlenden Daten und Fakten zu recherchieren und zu besorgen. Doch ist sichergestellt, dass Sie keine Recherchen und Analysen durchführen, die Sie nicht für die Präsentation benötigen. Sie sparen mit dieser Arbeitsmethode wertvolle Zeit und können auch bei knappen Fristen gute Ergebnisse erzielen.

Gliederung

Als Ergebnis des Schrittes „Strukturieren" erhalten Sie die Gliederung der Präsentation. An der Spitze steht die Hauptaussage – der Titel der Präsentation (*vgl. Abb. 4.1*), die wichtigsten Aussagen auf der ersten Ebene bilden die Kapitelüberschriften. So erhält Ihr Publikum von Anfang an einen guten Überblick über das präsentierte Thema.

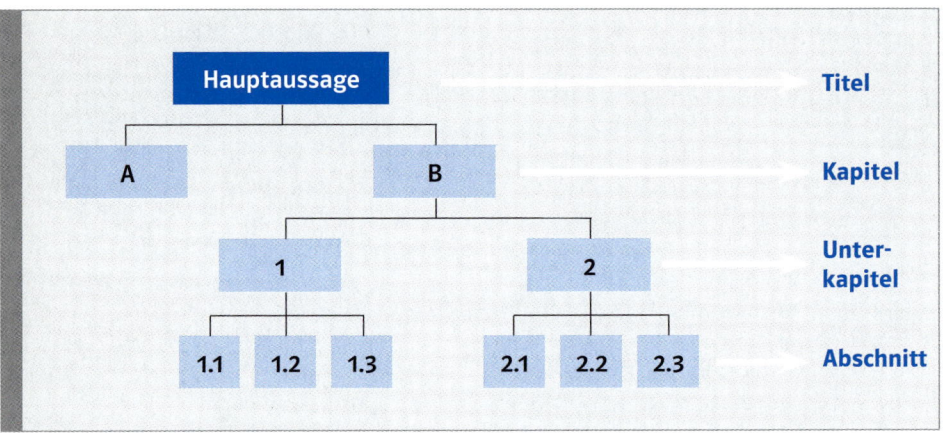

Abb. 4.1: Von der Struktur zur Gliederung

Der ‚rote Faden'

Die Struktur allein ergibt jedoch noch keine Präsentation. Gute Präsentationen erzählen eine Geschichte. Sie verknüpfen die logisch strukturierten Argumente, so dass sich ein ‚roter Faden' durch die gesamte Präsentation zieht (*vgl. Abb. 4.2*). So bauen Sie einen klaren Erzählstrang auf und sichern die Aufmerksamkeit des Publikums. Wenn Sie beim Strukturieren mit Stichworten gearbeitet haben, geht es nun darum, die Aussagen so auszuformulieren, dass sie einen überzeugenden ‚roten Faden' ergeben. Haben Sie mit hypothetischen Aussagen gearbeitet, müssen Sie nun die Aussagen so formulieren, dass sie beim Empfänger möglichst so ankommen, wie Sie es beabsichtigen.

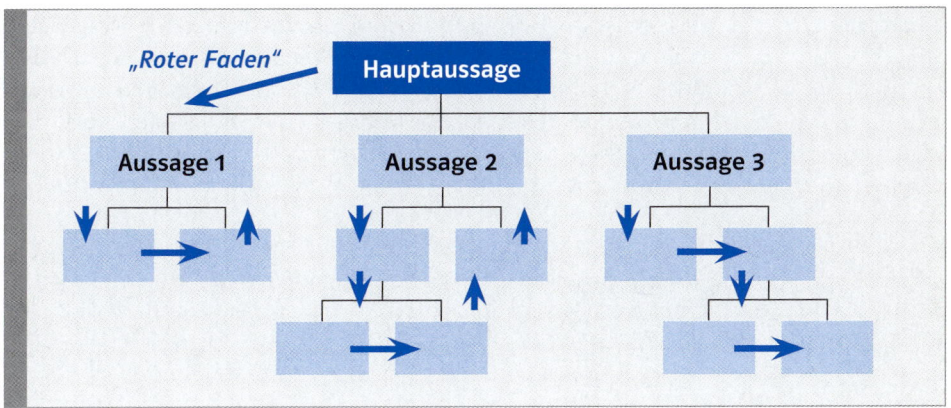

Abb. 4.2: Der ‚Rote Faden‘

1   Umfang und Folienübersicht festlegen

Zunächst sollten Sie jedoch festlegen, wie viele und welche Art von Folien (oder Flipchart-Blätter) Sie vorbereiten. Sie sparen wertvolle Zeit, wenn Sie auf diese Weise ausschließen, dass Sie zu viele oder ungeeignete Folien herstellen, die Sie in der Präsentationssituation nicht verwenden können.

Folien effizient planen

Um eine Folienschlacht zu vermeiden, gilt als Faustregel: Für eine Folie rechnet man etwa zwei bis maximal drei Minuten. Dies ist ein Anhaltspunkt, der je nach Situation auch einmal über- oder unterschritten werden kann. So benötigen manche Folien sicherlich weniger als eine Minute – beispielsweise ein Cartoon oder ein Bild, das eine auflockernde Bemerkung unterstützen soll. Bei einer Präsentationszeit von 30 Minuten können Sie also – die Zeit für Zwischenfragen abgezogen – von einer reinen Präsentationszeit von 20 Minuten ausgehen. Das bedeutet: sieben bis maximal zehn Folien sind vorzubereiten. Daher ist jetzt zu entscheiden, welche Aussagen so wichtig sind, dass sie eine eigene Folie benötigen, und welche Aussagen auf einer Seite zusammengefasst werden können.

Den Umfang festlegen

Werfen wir noch einmal einen Blick auf die Gliederung oben: Je nach Umfang der Präsentation kann die zweite Ebene die Kapitel, die dritte Ebene die Unterkapitel bilden. Bei einer sehr kurzen Präsentation können die Aussagen auf der dritten Ebene aber auch schon die Titel der einzelnen Folien bilden, die vierte Ebene die Unterpunkte der jeweiligen Seiten.

Folienarten festlegen

Schließlich können Sie jetzt bestimmen, welche Arten von Folien die Aussagen am besten unterstützen. Welche Aussagen müssen mit Zahlen untermauert werden, die zur besseren Verständlichkeit als statistische Grafik dargestellt werden sollten? Welche Aussagen sind so wichtig, dass sie durch konzeptionelle Visualisierungen hervorgehoben werden sollten? Welche Aussagen benötigen Bilder? Welche Aussagen können auf einer Textfolie zusammengefasst werden? Grundlagen und Details des Visualisierens werden im nächsten Kapitel behandelt, an diesem Punkt sollte nur eine Grundregel beachtet werden: Ansprechende Präsentationen bestehen nicht nur aus Textfolien, diese sollten vielmehr nur einen kleinen Teil der Präsentation ausmachen. Ideal ist es, wenn etwa drei Viertel der Folien Visualisierungen zeigen.

Übersichtsfolien

Bei längeren Präsentationen sollten Sie auf jeden Fall Übersichtsfolien einplanen. Übersichtsfolien fassen die Aussagen einer übergeordneten Ebene zusammen und bieten Orientierung. Das müssen keine Textfolien sein, ansprechender wirken konzeptionelle Grafiken (*siehe Kapitel 5.3*).

Folienübersicht

Als Ergebnis erhalten Sie einen Übersichtsplan über die Folien (*vgl. Abb. 4.3*). In diesen Plan können Sie auch schon notieren, welche Arten von Folien für die jeweilige Aussage am besten geeignet sind.

Abb. 4.3: Folienübersicht

Diese Methode, vor der eigentlichen Produktion wichtige Elemente als Skizze festzuhalten, stammt aus der Filmbranche. Dort spricht man von ‚Storyboard' und bezeichnet damit die zeichnerische Umsetzung des Drehbuchs. Storyboards enthalten Skizzen der Schlüsselszenen in ihrer Abfolge und halten wichtige Parameter fest – zum Beispiel Handlung, Bewegungsabfolge, Einstellung, Blickwinkel, Ausleuchtung. Ein berühmtes Beispiel ist das Storyboard zu ALFRED HITCHCOCKS Film „Die Vögel".

Storyboard

2 Aussagen verständlich formulieren

Es wurde schon darauf hingewiesen (*siehe Kapitel 1.2*), dass bei Präsentationen im beruflichen Kontext Aussagen erwünscht sind. Vollständige Sätze sind empfehlenswert, weil sie das Höchstmaß an Verständlichkeit bieten (auch für das Nachlesen nach der Präsentation). Möglich sind aber auch verkürzte Sätze – vorausgesetzt, die Aussage bleibt klar:

Aussagen statt Stichworte

▶ Aussage als vollständiger Satz: „Option A bietet die meisten Vorteile."
▶ Aussage als verkürzter Satz: „Option A vorteilhaft"

Um zu entscheiden, welche Sprache und welcher Stil angemessen ist, empfiehlt es sich, sich noch ein weiteres Mal in die Empfänger hineinzuversetzen. Je nach Art der Aussage, der Situation und der Beziehung von Präsentierenden und Publikum kann die Formulierung entweder direkt den Punkt benennen oder sollte eher diplomatisch ausfallen, wie die folgenden Beispiele zeigen:

Diplomatisch oder direkt?

▶ direkte Formulierung: „Die neue Software ist schlecht."
▶ diplomatische Formulierung: „Die neue Software zeigt deutliche Schwächen."

▶ direkte Formulierung: „Wir müssen das Team verkleinern."
▶ diplomatische Formulierung: „Wir sollten das Team den Gegebenheiten anpassen."

Ein Grundsatz jedoch gilt immer: das Publikum durch verständliche Sprache gewinnen. Verständliche Sprache erfüllt vier Kriterien (nach LANGER 2006). Sie ist

Verständliche Sprache

▶ einfach

▶ klar strukturiert
▶ kurz und prägnant
▶ anregend

Verständliche Sprache erreichen Sie mit zwei Mitteln: überschaubare Sätze und anschauliche Wörter. Beides ist – auch in Präsentationen – leider nicht selbstverständlich. Zwar gibt das Layout der Folie für die Titelzeile eine gewisse Begrenzung der Satzlänge vor, doch auch Sätze, die in zwei Zeilen passen, können völlig unverständlich sein: „Ein zeitnahes Herunterbrechen des Performancesteigerungsziels auf Handlungsfelder und Verantwortliche fördert die Motivation der Mitarbeiter." Dieser Satz vereint alle erdenklichen Stilsünden: Die Syntax lässt das (handelnde) Subjekt im Dunkeln; abstrakte Wörter und Anglizismen behindern das Verständnis des Gemeinten.

Überschaubare Sätze

Überschaubare Sätze entstehen, wenn zum einen die Aussage klar erkennbar und zum zweiten die Syntax klar strukturiert ist.

Klare Aussagen

Unklare Aussagen wie das obige Beispiel entstehen, wenn das eigentliche Thema nicht auf den ersten Blick klar ist. Daher hilft es, sich bei jeder Aussage konsequent zu fragen: ‚Was ist das Thema?' und: ‚Was ist dazu zu sagen?' Wenn Sie beim Strukturbaum mit Stichworten gearbeitet haben, sind diese mit großer Wahrscheinlichkeit das Thema, auf das es ankommt. So wird das Stichwort „Option A" zum Subjekt des Satzes: „Option A bietet die meisten Vorteile".

Klare Syntax

Im Unterschied zu vielen anderen Sprachen lässt die deutsche Sprache großen Spielraum bei der Satzstellung. Subjekt, Prädikat und Objekt können in unterschiedlicher Reihenfolge gesetzt werden, von den zahllosen Erweiterungsmöglichkeiten durch Nebensätze und Attribute ganz zu schweigen. Was in der Literatur hohe stilistische Variation ermöglicht, führt in Gebrauchstexten leider häufig zu schwer verständlichen Konstruktionen. Moderne Stilkunden wie die von WOLF SCHNEIDER und BASTIAN SICK empfehlen daher für Texte des Alltags, drei typische Fallstricke der deutschen Sprache zu vermeiden.

Verben

1. Keine mehrteiligen Verben – sie werden leicht durch die Syntax auseinander gerissen:
   ▶ nicht: „Option A stellt die preislich günstigste und am einfachsten erhältliche Version dar."

▶ sondern: „Option A ist die preislich günstigste und am einfachsten erhältliche Version."

2. Keine eingeschobenen Nebensätze:

Nebensätze

▶ nicht: „Die Option A, die von Hersteller XY angeboten wird und die meisten Vorteile bietet, sollten wir bevorzugen."

▶ sondern: „Wir sollten Option A bevorzugen – sie wird von Hersteller XY angeboten und bietet die meisten Vorteile."

3. Keine eingeschobenen Attribute:

Attribute

▶ nicht: „Die – preislich günstigste und am einfachsten erhältliche

▶ Option A sollten wir bevorzugen."

▶ sondern: „Wir sollten Option A bevorzugen – sie ist preislich die günstigste und leicht erhältlich."

Diese Regeln gelten vor allem für Unterpunkte auf Textfolien – die Überschriften der Folien lassen meist weniger Raum für komplizierte Konstruktionen.

„Es gibt schöne und abstoßende, saftige und blutleere Wörter, kraftvolle und ausgeleierte, aufgeputzte, modische und langsam sterbende. Vor allem aber gibt es kurze und lange Wörter – und dazu eine gesicherte Erfahrung von überwältigender Einfachheit: dass die kurzen besser als die langen sind." (SCHNEIDER 2005: 131). Wolf Schneider, langjähriger Leiter der Hamburger Journalistenschule, gibt in seinen Büchern zum Thema „Deutsch" zahlreiche Tipps, wie man durch anschauliche Wörter Leser anzieht und zum Weiterlesen motiviert. Was für journalistische Text gilt, trifft auch auf die Sprache in Präsentationen zu.

Anschauliche Wörter

Wahre Wortmonster kommen auch in Präsentationen vor, der viel zitierte ‚Donaudampfschifffahrtskapitän' zwar eher selten, ein ‚Dienstleistungsmarketingabteilungsleiter' möglicherweise schon. Für beide gilt die gleiche Regel, solche Wortmonster werden in ihre Bestandteile zerlegt: ‚Leiter der Abteilung Dienstleistungsmarketing'. Vorsicht geboten ist vor allem bei Worten, die auf -ung enden, vor allem wenn sie gehäuft auftreten. Sie sind Indiz für Nominalstil, der Texte schwer verständlich macht. Häufig versteckt sich in diesen Substantiven das eigentliche Verb:

Kurze Hauptwörter

▶ nicht: „Auf die Gestaltung der Benutzeroberfläche ist besonderer Wert zu legen."

▶ sondern: „Die Benutzeroberfläche sollte sorgfältig gestaltet werden."

Schlichte Verben

Schneider plädiert für ausdrucksstarke und schlichte Verben. Manche Verbarten sollten auch in Präsentationen vermieden werden:

▶ Verben mit modisch-bürokratischer Vorsilbe: ‚abklären, abzielen, nachfragen‘ – die Vorsilbe ist redundant und kann gestrichen werden.

▶ modische Imponierverben auf -ieren: ‚generieren, implementieren, thematisieren, problematisieren‘. Hier ist die Grenze sicher fließend.

▶ Streckverben wie ‚in Vorschlag bringen‘ oder ‚zur Anwendung gelangen‘. Die einfachen Verben ‚vorschlagen‘ bzw. ‚anwenden‘ genügen.

▶ Blähverben wie ‚aufweisen‘ („Der Computer weist folgende Merkmale auf“), ‚verfügen‘ („Der Kandidat verfügt über besondere Qualifikationen“), ‚darstellen‘ („Die Option stellt die beste Lösung dar“). Auch hier sind die einfachen Verben (haben, sein) die besseren.

Aktiv statt Passiv

Wo immer möglich, sollten Sie Ihre Aussagen aktiv formulieren. Passivkonstruktionen verstecken das Subjekt, erschweren dadurch das Verständnis und wirken wenig empfängerfreundlich. Statt „Es wird davon ausgegangen …“ oder „Man geht davon aus …“ sollte es daher nach Möglichkeit heißen: „Ich gehe davon aus …“. In zwei Fällen allerdings sind Passivkonstruktionen erlaubt:

▶ Der Akteur spielt für den Kontext keine Rolle: „Die Tagung wird eröffnet“ oder „Die Bestellung wird weitergeleitet.“

▶ Der Akteur kann oder soll aus politischen Gründen nicht benannt werden: „Es wurde entschieden …“.

Adjektive

Adjektive kommen in nüchternen Geschäftspräsentationen selten vor, daher kann der Tipp des Journalisten, sie sparsam zu verwenden, hier übergangen werden. Nichtssagende oder im schlimmsten Fall irreführende Neukreationen breiten sich aber besonders auch in dieser Textsorte aus: Achten Sie einmal auf Sätze, in denen das nichts sagende Wort ‚zeitnah‘ auftaucht, und versuchen Sie herauszufinden, welches ursprüngliche, klarere Wort es jeweils verdrängt: ‚rasch? zügig? so schnell wie möglich? so bald wie möglich?‘ Und wie oft begegnet Ihnen die neudeutsche Schöpfung ‚zeitgleich‘ statt dem ursprünglichen ‚gleichzeitig‘?

Fachsprache

Als Fachsprache (auch Jargon) bezeichnet man diejenige Sprache, die in einem (akademischen) Fachgebiet oder in einer Branche benutzt wird. Zur Fachsprache zählen deutsche oder fremdsprachige Fachbegriffe. Diese Fachbegriffe werden entweder außerhalb des Fachgebiets nicht verwendet oder haben in der Umgangsprache eine andere Bedeutung. Fachsprachliche Begriffe bezeichnen Sachverhalte eindeutig – das ist ihr Vorteil gegenüber den oft mehrdeutigen umgangssprachlichen Wörtern.

Fachsprachen sind jedoch immer auch Gruppensprachen. Sie ermöglichen die schnelle Verständigung unter Experten (soll heißen Fachleuten), werden aber nur innerhalb des betreffenden Fachgebiets problemlos verstanden. Für Laien sind sie häufig nicht verständlich (,Fachchinesisch'). Wer sie benutzt, grenzt daher Laien aus – unbeabsichtigt oder absichtlich. Die Ablehnung der Fachsprache kann daher schnell in die Ablehnung des Sprechers umschlagen. Angesichts des spezialisierten Wissens der heutigen Zeit ist jeder Laie in vielen Gebieten (und Experte in einigen wenigen). Daher gilt als Grundregel: Sprechen Sie die Sprache Ihres Publikums. Als Experte etablieren Sie sich nicht durch (im schlimmsten Fall unverständliche) Sprache, sondern durch die Fähigkeit, Ihrem Publikum komplexe Sachverhalte verständlich zu erklären.

Als Gruppensprache

Ob und wie Sie Fachsprache in einer Präsentation verwenden, hängt daher von zwei Faktoren ab:

Gebrauch von Fachsprache

▸ zum einen vom Publikum, das aus Experten, Laien oder einer Mischung von beiden bestehen kann. Je nach Gruppe sind Fachausdrücke selbstverständlich oder müssen erklärt werden.
▸ zum anderen von Ihren eigenen Zielen. Verfolgen Sie neben den Zielen auf der Sach und der Appell Ebene (informieren, über zeugen) auf der Beziehungs- und Selbstausdrucksebene das Ziel, sich als Experte darzustellen, können Fachausdrücke – richtig eingesetzt – von Nutzen sein.

Empfehlungen für die Verwendung von Fachsprache in den einzelnen Fällen sind in *Abbildung 4.4* zusammengestellt.

Ihr Publikum: Ihr Ziel:	Experten	Experten und Laien	Laien
Sachebene: Informieren **Appell:** Überzeugen	Fachbegriffe	Deutsche Entsprechung wenn möglich; sonst Fachbegriff, beim ersten Mal erklärt	Deutsche Entsprechung wenn möglich; sonst Fachbegriff, beim ersten Mal erklärt
Beispiel Sachebene	„Das CPU ist sehr leistungsfähig."	„Der Hauptprozessor ist sehr leistungsfähig."	„Der Hauptprozessor ist sehr leistungsfähig."
Beispiel Appell	„Wir sollten in ein leistungsfähiges CPU investieren."	„Sie sollten in einen leistungsfähigen Hauptprozessor investieren."	„Sie sollten in einen leistungsfähigen Hauptprozessor investieren."
Selbstausdruck und Beziehung: Sich als Experte darstellen	Fachbegriffe	Fachbegriff wird beim ersten Mal erklärt	Deutsche Entsprechung wenn möglich; sonst Fachbegriff, beim ersten Mal erklärt
Beispiel	„Das CPU ist sehr leistungsfähig."	„Das CPU – das steht für Central Processing Unit und ist der fachsprachliche Begriff für den Hauptprozessor – ist sehr leistungsfähig. ... Das CPU wurde 1999 entwickelt." „Das CPU oder Central Processing Unit – das ist der Hauptprozessor – ist sehr leistungsfähig."	„Der Hauptprozessor ist sehr leistungsfähig."

Abb. 4.4: Übersicht zur Verwendung von Fachsprache in Präsentationen

3   Überschriften und Textfolien formulieren

Für den Titel gilt: entweder Stichwort oder verkürzte Aussage (ein vollständiger Satz würde an dieser hervorgehobenen Stelle altertümlich wirken). Verkürzte Aussagen bieten den Vorteil der schnellen Orientierung für die Empfänger – ein großer Vorteil insbesondere dann, wenn es zum gleichen Thema mehrere Präsentationen gibt. **Titel**

Titel: „Einführung der neuen Software – Entscheidungsvorlage" oder: „Einführung der neuen Software – Vorstellung der Optionen"

Bei Kapitelüberschriften können Sie zwischen zwei Möglichkeiten wählen: konventionelle Stichworte oder (ganze oder verkürzte) Sätze. Wenn die Aussagen kurz genug sind, können beide Formen auch elegant miteinander kombiniert werden (*vgl. Abb. 4.5*). **Kapitelüberschriften**

Konventionelles Inhaltsverzeichnis

Einführung der neuen Software
• Option A
• Option B
• Option C

Sprechendes Inhaltsverzeichnis

Einführung der neuen Software – Vorstellung der Optionen
• Option A –
  Beste Lösung, höchster Preis
• Option B –
  Gutes Kosten-Nutzen-Verhältnis
• Option C –
  Ungenügende Funktionalitäten

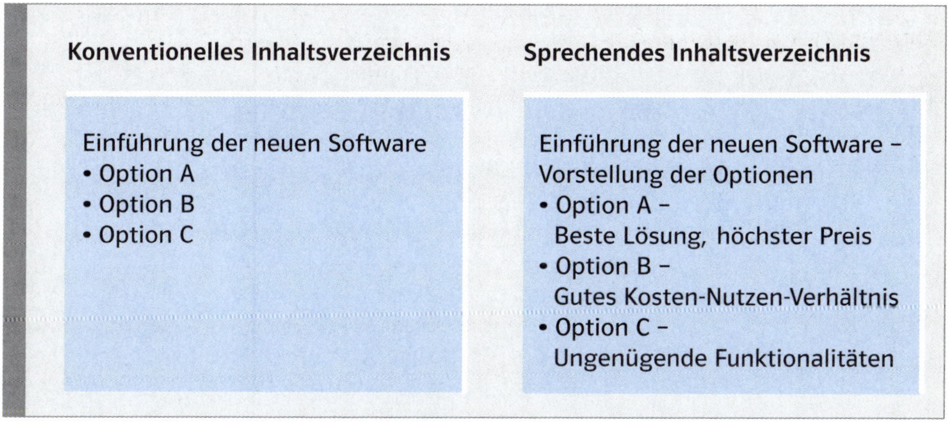

Abb. 4.5: Zwei Möglichkeiten für das Inhaltsverzeichnis

Die Überschriften der Folien hingegen sollten immer Aussagen sein und oben auf der Seite stehen – nach dem Prinzip ‚Das Wichtigste zuerst‘. Dieser Stil hat sich in den letzten anderthalb Jahrzehnten weitgehend durchgesetzt, weil durch ihn die Folien klarer und verständlicher werden. Der früher weit verbreitete Folienaufbau steht für einen herleitenden Stil: Oben wird nur ein Stichwort genannt, die eigentliche Aussage steht unten und wird häufig durch einen Pfeil hervorgehoben (*vgl. Abb. 4.6*). **Folienüberschriften**

Einsatz von Textfolien

- Überschrift als Hauptaussage
- Unterpunkte unterstützen die Hauptaussage
- Nicht mehr als drei Ebenen für die Unterpunkte
- Ein Gliederungszeichen je Ebene festlegen
- Sparsame Hervorhebungen (durch Fettschrift)

 **Klare Gliederung wichtig!**

Abb. 4.6: Textfolie im herleitenden Stil (nicht zur Nachahmung empfohlen)

Textfolien

Eine Textfolie, die präsentiert werden soll, ist keine Buchseite. Sie sollte auch nicht aus einer Aufzählung beliebiger Textpunkte bestehen. Aufzählungslisten können nur drei logische Beziehungen widerspiegeln: (zeitliche) Reihenfolge, Priorisierung (vom Wichtigsten zum Unwichtigsten oder umgekehrt) und Mitgliedschaft in einer Gruppe von Zusammengehörigem (so auch TUFTE 20006: 5). Für andere logische Zusammenhänge (z. B. Gegensatz) gibt es visuell bessere Möglichkeiten: konzeptionelle Grafiken (*siehe Kapitel 5.3*).

„GUT“-Test

Daher sollten Textfolien logisch aufgebaut und klar gegliedert sein. Der Titel der Folie stellt die übergeordnete Aussage dar, die einzelnen Textpunkte stützen diese Aussage. Zur Sicherheit sollten Sie noch einmal den „GUT“-Test aus der Strukturierungsphase wiederholen und besonders auf das Kriterium der gleichartigen Formulierung achten (*vgl. Abb. 4.7*).

Textfolien sollten logisch aufgebaut und klar gegliedert sein

- Formulieren Sie die Überschrift als Hauptaussage des Charts
- Die Unterpunkte sollten die Hauptaussage unterstützen
- Wählen Sie nicht mehr als drei Ebenen für die Unterpunkte
- Legen Sie ein Gliederungszeichen je Ebene fest
- Verwenden Sie Hervorhebungen (nur mit Fettschrift) sparsam

Abb. 4.7: Textfolie im aussageorientieren Stil

Anmerkungen, Kommentare und Einschränkungen sind zwar in der Praxis manchmal unumgänglich, sollten jedoch die Ausnahme darstellen, denn sie schwächen die logische Geschlossenheit der Argumentation. Gegenargumente oder Einschränkungen können eventuell auf einer eigenen Folie zusammengefasst werden.

Anmerkungen

Die einzelnen Textpunkte erscheinen als Aufzählungen und mit Gliederungszeichen markiert. Man sollte nicht mehr als drei Ebenen wählen (wenn möglich nur zwei), denn eine Präsentation ist keine wissenschaftliche Abhandlung. Als Aufzählungspunkte sind Varianten ohne spielerische Effekte zu bevorzugen.

Gliederungs-zeichen

Häufig wird davon abgeraten, ganze Sätze auf die Folien zu schreiben, und empfohlen, nur Stichworte aufzuführen. Was dafür spricht: Diese Version lässt dem Redner größere Freiheit bei der Präsentation und verleiht dem Redetext größeres Gewicht. Auch kann es Anfängern leichter fallen, Folien zu präsentieren, die sie nicht in Versuchung bringen, die Sätze einfach vorzulesen. Dagegen spricht allerdings, dass Aussagen dem Publikum und dem Redner größere Orientierung bieten. Falls Sie sich für die Version mit Stichworten entscheiden, sollten Sie im ersten Schritt eine Version mit Aussagen erstellen, um sie dann im zweiten Schritt auf die Stichworte zu kürzen. So können Sie sichergehen, dass sich nicht Stichworte auf der Folie finden, die aus dem logischen Zusammenhang ausbrechen (*vgl. Abb. 4.8*). Die längere Version kann dann als Gedächtnisstütze für den Redner dienen.

Ganze Sätze oder Stich-worte?

Textfolien in Präsentationen

- Überschrift
- Unterpunkte
- Ebenen für die Unterpunkte
- Gliederungszeichen
- Hervorhebungen

Abb. 4.8: Textfolie im Stichwortstil

Bei wenig Zeit zur Vorbereitung, bei Infotreffen im Kollegenkreis oder bei Anlässen, bei denen es nicht so sehr auf Perfektion ankommt, reichen Textfolien aus, wenn sie den hier dargestellten Anforderungen entsprechen.

Textfolien als Minimal-präsentation

In der Regel sind lange Texte für Präsentationen tabu. Es gibt nur eine Situation, in der das Publikum es zu schätzen weiß, wenn der Redetext in verkürzter Form als Folien an die Wand projiziert wird und diese Folien auch im Ausdruck vorliegen: bei Vorlesungen. Hier kommt es auf möglichst vollständige Wissensvermittlung an und die Übermittlung auf dreifachem Kanal (Vortrag, Projektion, Skript) soll dafür sorgen, dass weniger (im Idealfall keine) Information verloren geht. Die dreifache Übermittlung bietet Vorteile: Das Skript erspart das detaillierte Mitschreiben und lässt im Idealfall Raum für Notizen; die Projektion zeigt jedem an, wo sich der Vortragende befindet; der Vortragende hat die Freiheit, Ergänzungen, Beispiele und Kommentare anzubringen, wo er es für sinnvoll hält.

4   Einleitung und Schluss formulieren

Erster und letzter Eindruck

Wie für viele Situationen gilt auch bei Präsentationen: Der erste Eindruck ist entscheidend, der letzte Eindruck bleibt. Die Aufmerksamkeit des Publikums ist am Anfang (und am Schluss) am höchsten. Einleitung und Schluss sollten daher gut genutzt und sorgfältig vorbereitet werden.

Einleitung

Die Einleitung dient zwei Zielen: Zum einen stellt der Präsentierende den Kontakt zum Publikum her, zum anderen weckt er Interesse für die nachfolgende Präsentation. Ein Anfang wie „Ich zeige jetzt einfach mal einige Folien zur Geschäftssituation des letzten Quartals" hinterlässt keinen sehr überzeugenden Eindruck. In der Einleitung begrüßt der Präsentierende das Publikum, er stellt sich vor und gibt einen Überblick über Anlass, Thema, Ziel und Ablauf der bevorstehenden Präsentation.

Begrüßung

Je nach Situation wird die Begrüßung unterschiedlich ausfallen – von einem einfachen „Guten Morgen" bis zu „Guten Morgen, meine sehr verehrten Damen und Herren". Bei Präsentationen in sehr formellem Rahmen kann allein die korrekte namentliche Begrüßung der wichtigen Personen im Publikum mehrere Minuten in Anspruch nehmen.

Vorstellung

Bei Präsentationen im Kollegenkreis oder im eigenen Unternehmen werden Sie sich Ihre Vorstellung meist sparen können. Wenn Personen anwesend sind, denen Sie nicht bekannt sind, nennen Sie kurz

Ihren Namen und die Funktion (oder Position) im Unternehmen. Auch bei Präsentationen vor externem Publikum empfiehlt es sich, die Funktion zu nennen, in der man spricht („Mein Name ist Peter Meier, ich bin Geschäftsführer des gleichnamigen Software-Unternehmens.") Im besten Fall zeigt man damit gleichzeitig seine Kompetenz für das Thema der Präsentation.

Spätestens jetzt lohnt sich die ausführliche Vorbereitung Ihrer Präsentation (*siehe Kapitel 2 „Fokussieren"*). Denn jetzt ist der Zeitpunkt gekommen, das Ziel der Präsentation zu nennen: „Wie Sie wissen, steht in Kürze die Entscheidung an, welche neue Software wir in unserem Unternehmen einführen. Meine heutige Präsentation stellt Ihnen die Vorteile der verschiedenen Optionen im Überblick vor. Ich werde die wichtigsten Kriterien aufführen, die als Grundlage Ihrer Entscheidung dienen können." Damit sind in drei Sätzen Anlass, Thema und Ziel der Veranstaltung benannt.

Anlass, Thema, Ziel

Angenehm für das Publikum ist es, wenn der Zeitrahmen genannt wird („In den nächsten fünfzehn Minuten werde ich Ihnen die drei Optionen vorstellen"). Auch Informationen zum Ablauf sind hilfreich („Im Anschluss an die Präsentation findet eine Demonstration der Software A statt"). Besonders bei längeren Veranstaltungen wird es jedes Publikum dankbar würdigen, wenn die Pausenzeiten angekündigt werden („Für etwa 10 Uhr schlage ich eine Pause vor" oder „… ist eine Pause vorgesehen").

Ablauf

Der Schluss fasst noch einmal die Hauptaussagen und wichtigsten Ergebnisse der Präsentation in kurzen, prägnanten Sätzen zusammen. Der Schluss bringt keine neuen Informationen ins Spiel. Auf keinen Fall sollte er die Argumentation nachträglich abschwächen, indem er etwaige Bedenken ins Feld führt. Wenn diese Gegenargumente wichtig sind, gehören sie in den Hauptteil der Präsentation. In manchen Fällen kann es angebracht sein, einen Ausblick auf die nächsten Schritte zu geben („Als nächstes sollten wir uns darüber Gedanken machen, wie wir die neue Software am besten einführen."). Der Abschluss einer Präsentation hinterlässt den entscheidenden letzten Eindruck. Fragen Sie sich: Welchen Satz soll das Publikum nach Möglichkeit im Gedächtnis behalten? Mit diesem Satz sollten Sie Ihre Präsentation schließen.

Schluss

Einleitung und Schluss machen etwa jeweils zehn Prozent der Präsentation aus, bei einer Präsentation von fünfzehn Minuten sind dies jeweils etwa drei bis vier Sätze. Diese Sätze sollten Sie auf jeden

Vorher ausformulieren

Fall vorher ausformulieren und an den Formulierungen so lange feilen, bis die Aussagen prägnant und einprägsam sind. So erhalten Sie einen wirkungsvollen Auf- und Schlusstakt Ihrer Präsentation. Angenehmer Nebeneffekt: Wenn Sie die ersten und die letzten Sätze gleichsam ‚im Schlaf' aufsagen können, reduzieren Sie damit auch etwaiges Lampenfieber.

Frei sprechen

An dieser Stelle ein kurzer Vorgriff auf den Schritt „Präsentieren": Einleitung und Schluss sollten immer frei vorgetragen werden, also ohne Folien. So stehen Sie – und nicht Ihre Folien – an erster Stelle.

5   Präsentation und Redetext in Einklang bringen

Ausformulieren oder nicht?

Soll man den Redetext einer Präsentation im Vorhinein ausformulieren oder kann man sich auf sein Redetalent und die Inspiration des Augenblicks verlassen? Welche Gedächtnisstützen für den Vortrag sollte man parat haben? Je nach Temperament, Erfahrung und Stil der Präsentationsunterlage (mit oder ohne Aussagen als Folienüberschriften) werden Sie auf diese Fragen Ihre eigenen Antworten finden. Bei Folien mit Überschriften benötigen erfahrene Präsentierende meist keine weiteren Unterlagen. Einsteiger sollten experimentieren, welche der nachfolgenden Varianten ihnen am meisten zusagt.

Redetext

Besonders wenn Sie noch wenig Erfahrung mit Präsentationen gesammelt haben, kann es empfehlenswert sein, anfangs den Redetext vollständig auszuformulieren. Ein solch vorformulierter Text kann das Lampenfieber reduzieren helfen. Ob dies der Fall ist, hängt jedoch sehr von der jeweiligen Persönlichkeit ab. Es gibt auch Menschen, die sich in der Präsentationssituation durch fertige Texte eher blockiert fühlen und die besser auf Notizen zurückgreifen.

Ausformulieren

Empfehlenswert (auch für Fortgeschrittene) ist ein ausformulierter Redetext in drei Fällen:

▶ bei sehr wichtigen Präsentationen
▶ bei sehr politischen Präsentationen, bei denen es auf jedes Wort ankommt
▶ bei streng limitierter Zeit, die auf keinen Fall überschritten werden darf

Der Redetext folgt der Präsentationsunterlage: Er kündigt die Folie an, nennt die Aussage, erklärt den Inhalt der Folie Schritt für Schritt und führt weitere Beispiele oder Details an. In jedem Fall sollten Sie darauf achten, den geschriebenen Text im ‚Sprechstil‘ zu verfassen: kurze Sätze, keine komplizierten Konstruktionen aus ineinander verschachtelten Nebensätzen.

Sprechstil

Testen Sie vorab, wie lange Sie für den ausformulierten Text brauchen, wenn Sie ihn frei sprechen (*siehe Kapitel 6*). Achten Sie darauf, dass Sie den Text nicht einfach ablesen (das geht schneller, ist aber für die Präsentationssituation nicht realistisch). Als Anhaltspunkt können Sie etwa fünf Minuten Redezeit für einen Text von ca. 3000 bis 3500 Zeichen (mit Leerzeichen) veranschlagen, doch ermitteln Sie besser Ihren eigenen Erfahrungswert.

Zeit testen

Falls Sie den Redetext wörtlich so wiedergeben wollen, wie Sie ihn geschrieben haben, müssen Sie ihn bei beruflichen Präsentationen auswendig lernen. Vorlesen ist allenfalls bei Vorträgen vor sehr großem Publikum und mit Rednerpult eine (wenn auch nicht die beste) Option. Stichwortkarten hingegen sind akzeptiert.

Auswendig lernen

Den gleichen Effekt erzielen fortgeschrittene Redner, indem sie sich auf einen Ausdruck ihrer Folien diejenigen Informationen notieren, die auf den Folien nicht enthalten sind:

Notizen

▶ Sie markieren eventuell die Reihenfolge, in der sie die einzelnen Elemente der Folie besprechen.
▶ Sie notieren Beispiele und Detailinfos auf der Folie oder bereiten ein Extrablatt dafür vor.
▶ Sie formulieren am Ende der Seite den Überleitungssatz zur nächsten Folie.

Powerpoint bietet dafür die ‚Notizfunktion‘ – eine Ansicht, in der oben die Folie erscheint und unten ein freies Feld, in dem Notizen eingetragen werden können. Diese Seite kann ausgedruckt werden und als Gedächtnisstütze dienen.

ZUSAMMENFASSUNG

Mit Abschluss des Schrittes „Formulieren" haben Sie eine wichtige Etappe auf dem Weg zur überzeugenden Präsentation erreicht: Mit dem Folienübersichtsplan haben Sie den Umfang und den ‚Fahrplan' Ihrer Präsentation festgelegt. Sie wissen nun, wie viele und welche Folien Sie vorbereiten müssen (und welche Sie sich und Ihrem Publikum ersparen können). Vor allem haben Sie Ihre Daten und Fakten in Form einer Geschichte angeordnet, die das Publikum leicht nachvollziehen kann.

Darüber hinaus haben Sie Sprache und Stil der Präsentation im Sinne des Publikums so verständlich wie möglich gehalten. Sie haben überschaubare Sätze gebildet, anschauliche Wörter gewählt und die Fallstricke der deutschen Sprache erfolgreich vermieden. Sie können einschätzen, welche Fachwörter Sie verwenden können und welche Sie erklären müssen. Schließlich haben Sie die Einleitung und den Schluss formuliert (bei wichtigen Präsentationen zur Sicherheit den gesamten Redetext).

Sollte die Präsentation jetzt um einige Tage vorverlegt werden, wären Sie bereits gerüstet, Ihre Präsentation mit Hilfe der Texte zu halten. Doch bleibt Ihnen in der Regel hoffentlich genügend Zeit für den nächsten Schritt: die wesentlichen Aussagen zu visualisieren.

1 Grundlagen

Präsentationen zeichnen sich dadurch aus, dass sie Informationen nicht nur auf dem akustischen, sondern auch auf dem visuellen Kanal übermitteln. Informationen, die für den visuellen Kanal bestimmt sind, müssen allerdings auch den Anforderungen dieses Kanals entsprechend gestaltet sein. Daran hapert es in der Praxis häufig. Folien, die wie verkappte Buchseiten aussehen oder längere Texte durch Aufzählungspunkte in Absätze zerhacken, werden zwar häufig genug präsentiert, ermüden das Publikum jedoch rasch und haben zum schlechten Image des Mediums maßgeblich beigetragen. Wenn man den Begriff der visuellen Darstellung weit fasst, kann zwar auch das Schriftbild einer Textfolie als visuelle Form gelten. Klar gestaltete Textfolien oder Flipchart-Blätter können dann für gewisse Anlässe ausreichen. Überzeugender und lebendiger werden Präsentationen jedoch, wenn die wichtigen Informationen visualisiert werden.

Visualisieren heißt: Informationen in eine visuelle Darstellung, in ein ‚Bild‘ übersetzen. Informationen können Daten sein, aber auch Ideen, Zusammenhänge, Konzepte. Zu den visuellen Darstellungsformen zählen in erster Linie Diagramme, Grafiken, Zeichnungen und Fotos.

Ein Abriss über die wissenschaftlichen Grundlagen der Visualisierung würde ein eigenes Buch füllen. An dieser Stelle kann daher nur auf einige Forschungsinitiativen hingewiesen werden, die sich bereits mit Präsentationen befassen bzw. von denen in Zukunft möglicherweise Anstöße zu erwarten sind.

Das bereits erwähnte Projekt des Instituts für Soziologie an der TU Berlin zur „Performanz visuell unterstützter mündlicher Präsentationen" (*siehe Kapitel 1.1*) befasste sich auf einem Workshop im Juli 2006 unter anderem auch mit den Themen „Ikonographie und Typisierung der Powerpoint-Folie" (FREDERIK S. PÖTZSCH), Aufzählungsfolien und „Die Performanz der Liste" (BERNT SCHNETTLER) sowie mit textlinguistischen Überlegungen (HENNING LOBIN). Der Tagungsbericht zieht das Fazit: „Abschließend lässt sich festhalten, dass es sich bei Powerpoint um ein wesentlich vielseitigeres Phänomen handelt, als es in kulturkritischen Positionen gemeinhin angenommen wird. Vielmehr ist es ein Symptom für den gegenwärtigen Trend zur Visualisierung und zeigt, dass die Bilder in alle Bereiche

Informationen auf dem visuellen Kanal

Definition

Wissenschaftliche Projekte

Powerpoint-Performanz

diffundieren. ... Dabei hat die Gattung der visuellen Präsentation in kürzester Zeit eine eigene Ikonographie und ‚Grammatik' ausgebildet, die über kulturelle und soziale Grenzen hinaus innerhalb bestimmter Milieus oder Felder zu funktionieren scheint, die aber nicht losgelöst von diesen Koordinaten existiert." (KNOBLAUCH 2006).

Bildwissenschaft

Anstöße und Erkenntnisse zum Thema Visualisieren sind sicherlich auch von der Bildwissenschaft zu erwarten. Diese fachübergreifende Initiative verfolgt das Ziel, das Phänomen Bild in jedem Medium und in jeder Form zu erforschen und Methoden einer systematischen Bildwissenschaft zu entwickeln. Sie vereint sehr unterschiedliche Disziplinen: Kunstgeschichte, Philosophie, Semiotik, Psychologie, Volkskunde/Europäische Ethnologie, Soziologie, Medienwissenschaft, Kommunikationswissenschaft, Filmwissenschaft, Politikwissenschaft, aber auch Informatik (vor allem Computervisualistik) und Kognitionswissenschaft (die wiederum selbst eine interdisziplinäre Initiative von Psychologie, Neurowissenschaft, Informatik, Linguistik und Philosophie darstellt). Als elektronische Plattform des Austauschs existiert bislang das „Virtuelle Institut für Bildwissenschaft" (www.bildwissenschaft.org). KLAUS SACHS-HOMBACH versteht Bildwissenschaft analog zur Sprachwissenschaft als eine Disziplin, in der Bilder und Bildverwendungen in allen relevanten Bereichen und Aspekten beschrieben und nach Möglichkeit durch geeignete grundlegende Prinzipien erläutert werden – beispielsweise nach Bildsyntax, Bildsemantik und Bildpragmatik (SACHS-HOMBACH 2005). Auch von kunsthistorischer (BELTING 2001) und volkskundlicher Seite (GERNDT 2005) liegen Perspektiven zu einer Bildwissenschaft vor.

Bildbegriff umstritten

Wie umstritten das Terrain allerdings ist, zeigt exemplarisch die Schwierigkeit, sich auf einen interdisziplinären Bildbegriff zu verständigen. SACHS-HOMBACHS Definition von „Bildern als wahrnehmungsnahen Zeichen" geht davon aus, dass ein adäquates Verständnis von Bildern sowohl semiotische wie auch wahrnehmungstheoretische Aspekte berücksichtigen muss. Wahrnehmungsnahe Zeichen unterscheiden sich von arbiträren Zeichen dadurch, dass ihre Interpretation zumindest teilweise auf Wahrnehmungskompetenzen beruht, die keine speziellen Kodierungsregeln voraussetzen. Hingegen liefert der Zeichenträger arbiträrer Zeichen in der Regel keinen Hinweis auf die Bedeutung des Zeichens. Das prototypische wahrnehmungsnahe Zeichen ist das visuell (oder taktil) wahrnehmbare figürliche Bild. Die Grenzen sind fließend, so vereinen beispielsweise Diagramme wahrnehmungsnahe und arbiträre Zeichen (SACHS-HOMBACH 2002: 18f).

Ein engerer Bildbegriff soll den Untersuchungsgegenstand vorerst auf „Abbildungen" einschränken, also auf künstlerische Bilder und Gebrauchsbilder: „Bilder in diesem engen Sinn lassen sich als in der Regel flächige und klar begrenzte Gegenstände charakterisieren, die innerhalb eines kommunikativen Aktes zur visuellen Veranschaulichung eines Sachverhaltes dienen." (SACHS-HOMBACH 2002: 16). Logische und ungegenständliche Bilder werden zunächst ausgeklammert, wobei zu den logischen Bildern Diagramme und Charts zählen. Diese ausgeblendeten Bereiche sollen sukzessive in einen erweiterten Bildbegriff ihren Platz finden.

Enger Bildbegriff

Die semiotische Ausgangsposition „Bilder als Zeichen" und kunsthistorische Positionen, welche die Reduktion von Bildern auf Zeichen zurückweisen und den Eigenwert des Bildes (vor allem des Kunstwerks) betonen, stehen vorerst nebeneinander. Angesichts des weiten Spektrums der potenziellen Untersuchungsgegenstände und der Unterschiede der Disziplinen ist dies kaum verwunderlich. Ob der Kompromissvorschlag „Bilder als wahrnehmungsnahe Medien" (SACHS-HOMBACH 2006) weiter führt, bleibt abzuwarten.

Kompromiss?

Diese junge interdisziplinäre Fachrichtung (Informatik, Statistik, Kognitionswissenschaft) erforscht Möglichkeiten, große Datenmengen grafisch so darzustellen, dass die in der Datenmenge enthaltenen Informationen – und nur diese – sichtbar werden. Der Grundsatz, dass alle relevanten Daten einfließen und jegliche nicht datenbezogenen Effekte (dekorative Elemente, optische Täuschungen) auszuschließen sind, lässt sich auch auf Diagramme in Präsentationen anwenden, auch wenn diese in der Regel weitaus kleinere Datenmengen verarbeiten.

Informationsvisualisierung

Visualisierungen werden in der Praxis von Grafikexperten entwickelt, vor allem für Printprodukte, Fernsehen und elektronische Medien. Infografiken finden sich in jeder Tageszeitung und Wochenzeitschrift, in Nachrichtensendungen und auf vielen Homepages. Eine Entwicklung, die diese Form in den letzten Jahren geprägt hat, ist die Anreicherung informativer Grafiken mit unterhaltenden Elementen („Infotainment"). So hat sich die Wochenzeitschrift FOCUS unter anderem mit dieser Form der Infografik am Markt positioniert. Mittlerweile reichern auch vormals völlig bildfreie Publikationen wie die ZEIT Artikel mit gut gemachten Infografiken an.

Visuelle Kommunikation/ Grafikdesign

**Hohe Maß-
stäbe für
Infografiken**

Die – teilweise sehr hohe – Qualität von traditionellen und modernen Infografiken setzt einen Maßstab für die angemessene Visualisierung von Zahlen, den selbst gemachte (Powerpoint- oder Excel-)
Diagramme kaum je erreichen können. So hat der bereits erwähnte
Powerpoint-Kritiker EDWARD TUFTE (*siehe Kapitel 1.3*) zum Thema
„Visualisieren von Daten und Ideen" mehrere Bücher publiziert,
die beispielhafte Infografiken aus den letzten zwei Jahrhunderten
in hervorragender Druckqualität wiedergeben (TUFTE 1990 und
2001/2006).

**Tuftes
Prinzipien**

Einige der Prinzipien, die TUFTE daraus ableitet, gelten unein-
geschränkt auch für Präsentationsfolien:
▶ grafische Integrität: Daten sollen nicht verzerrt werden.
▶ überflüssige dekorative Elemente („Grafikmüll") sind zu vermeiden.

Andere Prinzipien hingegen gelten eher für Grafiken, die länger be-
trachtet und ‚gelesen' werden:
▶ hoher Anteil von „Datentinte": Darunter versteht Tufte den
  Anteil von Dateneinträgen an der Fläche einer Grafik. Ein hoher
  Anteil von Datentinte ist beispielsweise in Zugfahrplänen oder
  Landkarten enthalten: Jeder Eintrag übermittelt Information,
  kein überflüssiges Element ist enthalten.
▶ multifunktionale grafische Elemente: Ein grafisches Element
  kann mehrere Funktionen erfüllen oder mehrere Informationen
  übermitteln. So zeigt ein roter Fleck auf einer Verteilungskarte
  (z. B. von Grippeerkrankungen in Deutschland) gleichzeitig die
  geographische Lage, den Umriss des Ortes und (durch die Farbe)
  die Anzahl der Erkrankungen an diesem Ort – ohne dass die
  verschiedenen Informationen einander behindern.

**Einschränkung bei
Präsentationen**

Diese Prinzipien können für normale Präsentationsfolien nur in
modifizierter Form gelten. Das sequentielle Präsentieren führt dazu,
dass Daten in kleinen Mengen präsentiert werden. Es kann also nur
darum gehen, eine angemessene Balance zwischen aussagekräftigen
Visualisierungen und notwendiger Reduktion der Daten zu erreichen.

**Wahrnehmungs-
psychologie**

Die Wahrnehmungspsychologie – insbesondere der Teilbereich der
Gestaltpsychologie (z. B. METZGER 1975) – beschreibt, wie Menschen Formen, Helligkeit, Farben, Bewegung, Tiefe und Höhe
wahrnehmen. So werden beispielsweise geschlossene Formen oder
zusammen liegende Elemente als ein Objekt aufgefasst; einfache,

geordnete Gebilde werden schneller wahrgenommen als ungeordnete Gebilde und sich bewegende Objekte fallen als erstes ins Auge. Wahrnehmungsgerecht zu visualisieren bedeutet, diesen Prinzipien zu folgen. Dabei ist jedoch zu beachten, dass Wahrnehmung sowohl angeboren wie auch erlernt ist und kulturelle Elemente daher eine besondere Rolle spielen. So gilt die bevorzugte Wahrnehmungsrichtung einer Seite von links nach rechts und von oben nach unten nur für diejenigen Kulturräume, in denen die Schrift – und damit die Leserichtung – dieser Anordnung folgt. Auch die Wahrnehmung von Objekten scheint keineswegs kulturübergreifend einheitlich zu sein: NISBETT (2003) zeigt zahlreiche Beispiele, wie sich Angehörige westlicher und ostasiatischer Kulturen in der Wahrnehmung von Objekten unterscheiden.

Häufig werden die Vorteile visueller Darstellung mit Aussagen ‚gestützt‘, die sich auf die kognitive Dimension von Bildverarbeitung beziehen (einige Beispiele unten in Klammern). Wünschenswert wäre ein Überblick darüber, welche Studien Aussagen dieser Art belegen, welchen Geltungsbereich diese Studien abdecken und inwieweit deren Ergebnisse verallgemeinert werden können. Im Zentrum stünden Fragen wie:

Kognitionswissenschaft

▶ Welche Bedeutung hat der visuelle Kanal für die Aufnahme von Informationen? Ist der Mensch tatsächlich ein „Augentier" (SEIFERT 2005: 11)?
▶ Werden Bilder in beiden Gehirnhälften verarbeitet und bedeutet dies eine bessere Ausnutzung der Gehirnkapazität (HERTLEIN 2003: 41)?
▶ Werden Bilder unmittelbarer verstanden als sprachliche Zeichen? Und wenn ja, in welchen Fällen?
▶ Inwiefern wirken Bilder emotionaler als Worte? Erhöht der Einsatz von visuellen Hilfsmitteln die Überzeugungskraft von Argumenten (HIERHOLD 2005: 124)?
▶ Fördert die simultane Übermittlung von Informationen auf mehr als einem Kanal deren Aufnahme, Verarbeitung und/oder das Behalten (SEIFERT 2005: 11; FRANCK & STARY 2006: 18)?

Bis diese Fragen – unter besonderer Berücksichtigung des Mediums Präsentation – geklärt sind, bleibt vorläufig nur, den Einsatz von visuellen Darstellungen aus praktischen Erfahrungen heraus zu begründen.

Gute Visualisierungen unterstützen ziel- und empfängerorientierte Präsentationen, indem sie

▸ Kernaussagen hervorheben (Sachebene)

▸ komplexe und sinnlich nicht erfahrbare Zusammenhänge verständlich machen (Sachebene)

▸ die Aufmerksamkeit und das Interesse des Publikums wecken (Appell)

▸ zentrale Botschaften beim Publikum nachhaltig verankern (Appell)

▸ die Gefühlsebene ansprechen (Beziehungsebene und Appell)

Richtig eingesetzt, ergänzen und unterstützen Visualisierungen den Redetext: „Ein – gutes – Bild sagt mehr als 1000 Worte". Nur bei misslungenem Einsatz dreht sich das Verhältnis um: Für ein schlechtes Bild braucht man (mindestens) 1000 Worte, um es zu erklären.

Dieses Kapitel zeigt Möglichkeiten auf, wie Präsentationen visuell sinnvoll gestaltet werden können. Im beruflichen Kontext haben sich bestimmte Konventionen eingebürgert, vor allem für die Darstellung von Zahlen. Darüber hinaus gibt dieses Kapitel Hinweise, wie abstrakte Begriffe und Konzepte visuell umgesetzt und wie Fotos und Cartoons verwendet werden können. Einige Hinweise zum Thema Animation sowie zum Aufbau von Folien bzw. Flipchart-Blättern ergänzen das Thema. Der hier vorgestellte Visualisierungsstil ist betont sachorientiert, passend zum normalen Umfeld einer Präsentation in beruflichem Kontext. Für Vorträge vor großem Publikum sind häufig eine emotionalere Bildsprache und höherer Medieneinsatz (Film, Audio) erforderlich.

2 Zahlen darstellen

Journalisten bezeichnen Zahlen als ‚Aufmerksamkeitskiller': Bringt ein Text mehrere Zahlen in Folge, sinkt die Aufnahmefähigkeit des durchschnittlichen Lesers gegen Null. Daher verknüpfen anschauliche Artikel Zahlen mit einem (sprachlichen oder wirklichen) Bild. So lassen sich Zahlen leichter aufnehmen und merken. Dies gilt auch für Präsentationen. Stellen Sie sich vor, in einer Präsentation wird Ihnen folgender Text als Textfolie präsentiert: „57,5 Prozent der Männer und 37,8 Prozent der Frauen zwischen 30 und 34 waren im Jahr 2002 kinderlos. Bei den Männern zwischen 35 und 39 lag die Quote bei 33,6 Prozent, bei den Frauen zwischen 35 und 39 bei 17,4 Prozent." (nach: DIE ZEIT 12. Mai 2005, S. 74). Bei welcher der genannten Bevölkerungsgruppen ist der Anteil der Kinderlosen am höchsten? Wenn Sie diese Frage nicht sofort beantworten können, stehen Sie nicht allein.

Tabellen (*vgl. Abb. 5.1*) leisten einen Schritt mehr als Texte: Tabellen schaffen Übersicht. Experten in dem jeweiligen Fachgebiet können sich aus übersichtlich angeordneten Zahlen häufig schon ein anschauliches Bild machen. Laien gelingt dies in der Regel nicht, zumindest nicht auf Anhieb.

Tabellen

Altersgruppe (in Jahren)	Männer	Frauen
Zwischen 30 und 34	57,5	37,8
Zwischen 35 und 39	33,6	17,4

Abb. 5.1: Tabelle „Anteil der Kinderlosen (in %)"

Da es vielen Menschen leichter fällt, Zahlen aufnehmen, wenn sie grafisch dargestellt werden, arbeiten Präsentationen mit Visualisierungen (*vgl. Abb. 5.2*).

Visualisierungen

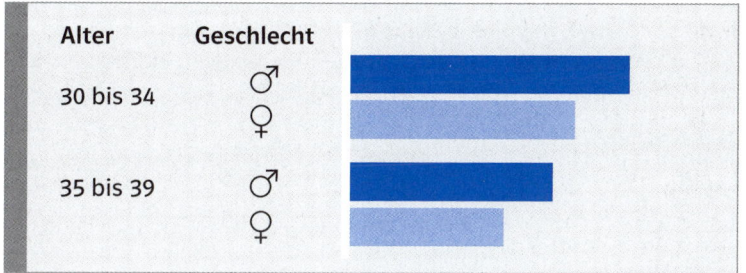

Abb. 5.2: Visualisierungsbeispiel „Anteil der Kinderlosen (in %)"

Nehmen Sie einmal an, Sie wollten einige Zahlen (*vgl. Abb. 5.3*) visualisieren. Drei Möglichkeiten stehen zur Wahl. Welches Diagramm würden Sie wählen?

Welches Diagramm?

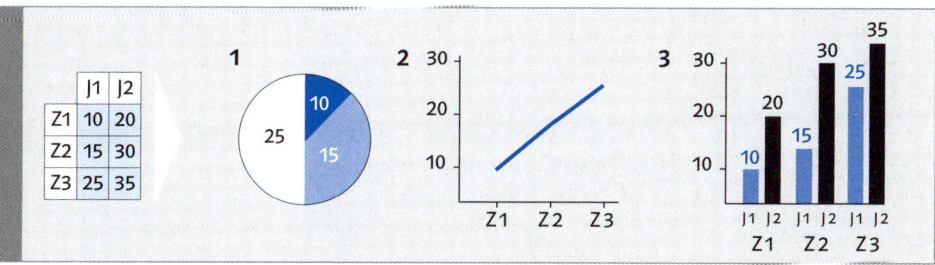

Abb. 5.3: Gleiche Zahlen, auf drei verschiedene Arten visualisiert

Auf den ersten Blick zeigt das erste Diagramm ein Ganzes, unter-teilt in einzelne Teile. Das zweite Diagramm hingegen zeigt an, dass etwas ansteigt. Das dritte Diagramm zeigt so viel, dass nicht klar ist, was es eigentlich aussagt.

1 Grundregeln

Erst die Aussage

Die erste Grundregel klarer Visualisierungen lautet daher, zunächst die Aussage zu bestimmen und dann erst das geeignete Diagramm auszuwählen. Nur so kann ein Diagramm die Aussage visuell un-terstützen. Geeignet ist ein Diagramm dann, wenn der Betrachter die Aussage auf den ersten Blick erkennt. Wenn der Betrachter das Diagramm erst auf den dritten Blick oder nur mit Hilfe langwieri-ger Erklärungen entziffern kann, hätte der Redner besser auf das Diagramm verzichtet. Die für das Publikum (nicht für den Präsen-tierenden!) amüsantesten Situationen ergeben sich immer dann, wenn der Redner ein unübersichtliches und irreführendes Dia-gramm mit den Worten einführt: „Wie Sie hier klar erkennen kön-nen…". Reagiert das Publikum (im günstigen Fall) heiter, retten sich geistesgegenwärtige Redner mitunter aus der Situation, indem sie den ironischen Ratschlag zitieren: „If you can't convince them, confuse them." Und schnell zur nächsten – hoffentlich klareren – Folie übergehen.

Eine Aussage, nicht mehrere

Unübersichtliche Folien entstehen, wenn der Präsentierende zu viel auf einer Seite platziert. Die zweite Grundregel klarer Diagramme lautet daher: pro Diagramm eine Aussage. Für mehrere wichtige Aussagen benötigen Sie mehrere Diagramme. Da außerdem gilt, pro Folie eine Aussage, sollten Sie nur ein Diagramm auf einer Folie platzieren (in Ausnahmefällen zwei).

Nicht über-visualisieren

Nicht jeder Zahlenbefund muss als Diagramm veranschaulicht werden. Einfache Aussagen, die auch ohne Visualisierung verstan-den werden, brauchen keine visuelle Übersetzung: „Ein Zehntel aller Menschen sind Analphabeten." Aussagen, die für den Gang der Argumentation entbehrlich sind oder zusätzliche Detailinfor-mationen liefern, benötigen ebenfalls keine aufwändige Visualisie-rung; hier genügt eine Tabelle im Anhang oder auf einer gesonder-ten Folie, die nur bei Bedarf aufgelegt wird (etwa wenn in der Präsentationssituation nach diesen Zahlen gefragt wird). Daher lautet die dritte Grundregel: Nur diejenigen Aussagen visualisieren, die diese ‚Sehhilfe' für das Verständnis benötigen, und nur Aussagen, die für die Argumentation auch wirklich benötigt werden.

Für ‚Zahlen-Schaubilder' sind verschiedene Bezeichnungen gebräuchlich: Diagramm, grafisches Schaubild, Grafik, Chart. Begriffe wie statistische Grafik oder Wirtschaftsgrafik bezeichnen nicht nur die Form, sondern auch gleichzeitig den Inhalt. Im Folgenden wird der Begriff Diagramm verwendet.

Bezeichnungen

2 Diagramme

Diagramme werden aus geometrischen Formen gebildet: **Punkte** ergeben Streuungsdiagramme, aus **Linien** werden Kurvendiagramme und aus **Flächen** Balken- und Säulendiagramme sowie Torten- und Kreisdiagramme gebildet. Zudem können durch Linien und Schraffuren oder Einfärbungen aus Liniendiagrammen **Flächen**diagramme gebildet werden. Mit Hilfe dieser Formen können auch **dreidimensionale** Gebilde erzeugt werden (z. B. ‚Ertragsgebirge'). Diese Einteilung der Diagramme nach geometrischen Formen verschafft zwar einen ersten Überblick, hilft jedoch nicht bei der Entscheidung, welches Diagramm für den jeweiligen Zweck geeignet ist.

Geometrische Formen

Diagramme setzen Zahlen zueinander in Beziehung, sie ermöglichen also Vergleiche. Welches Diagramm Sie wählen, hängt daher davon ab, welche Art von Vergleich Sie ziehen wollen. Für jede Art von Vergleich gibt es geeignete – und natürlich auch ungeeignete – Diagramme. Die im Folgenden dargestellten Diagramme haben sich vor allem im Bereich der Wirtschaft etabliert. Sie bilden gleichsam eine Sprache, die im Geschäftsleben verstanden wird (ZELAZNY 1996). In der Regel empfiehlt es sich daher nicht, das Publikum mit neuen Formen zu verblüffen. Wohl aber lohnt es sich, die einzelnen Formen und die Art ihrer Anwendung zu kennen.

Diagramme als ‚Sprache' für Zahlenvergleiche

Aussagen, in denen Worte wie ‚Prozent', ‚die Mehrheit/eine Minderheit', ‚die meisten/wenigsten' vorkommen, sind häufig Vergleiche eines Ganzen mit seinen Teilen: „Die Mehrheit der Studierenden an der Universität XY stammt aus Deutschland." „Immerhin 5 Prozent der Studierenden an der Universität XY kommen aus den USA."

Vergleich eines Ganzen mit seinen Teilen

Mit Kreis-diagramm

Solche Vergleiche eines Ganzen (= der Gesamtzahl der Studieren-den) mit einzelnen Teilen (= der Anzahl von Studierenden aus einem Land) lassen sich am besten mit einem Kreisdiagramm ver-anschaulichen. Denn der Kreis wird optisch als ein Ganzes wahr-genommen, seine Segmente als Teile eines Ganzen. Die einzelnen Segmente ordnet man in der Regel nach ihrer Größe an. Das größte Segment wird an die 12-Uhr-Linie gesetzt – so gewinnt der Kreis optisch ‚Stand‘.

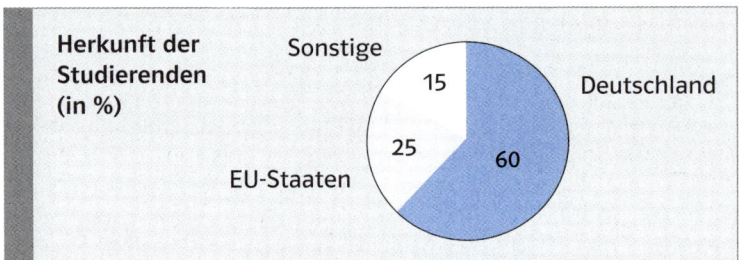

Abb. 5.4: „Die Mehrheit der Studierenden an der Universität XY stammt aus Deutschland."

Übersichtlich wird ein Kreisdiagramm, wenn nur das Segment, das in der Aussage genannt wird, grafisch durch einen Grauton oder eine Farbe hervorgehoben wird. Sehr kleine Segmente (z. B. Werte unter einem Prozent) sollten Sie zu einem Sammelsegment ‚Sonsti-ge‘ zusammenfassen. Falls dieses Segment ‚Sonstige‘ aufgeschlüsselt werden soll, kann es als separate Säule neben den Kreis gestellt werden. Dabei kann es erforderlich sein, den Kreis zu drehen.

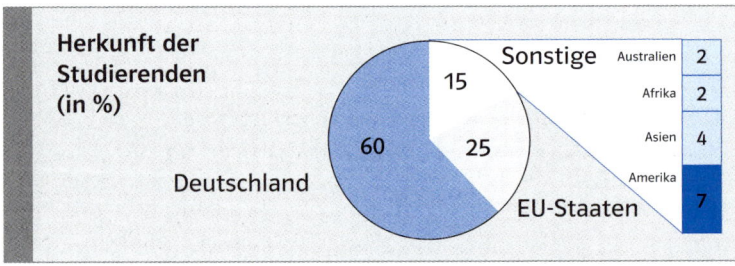

Abb. 5.5: „Die meisten Studierenden stammen aus Deutschland – Amerikaner bilden die größte Gruppe der außereuropäischen Studierenden."

Mit 100-Prozent-Säule

Eine Alternative zum Kreisdiagramm ist die 100-Prozent-Säule. Sie eignet sich, wenn mehrere Objekte und ihre jeweiligen Segmente verglichen werden sollen: „Unternehmen A macht mehr Umsatz in Europa als Unternehmen B." Die Säulen haben die gleiche Höhe, jede steht für 100 Prozent. Die Segmente der links stehenden Säule werden in der Regel nach der Größe angeordnet, wobei man unten an der Basislinie beginnt. Die Segmente der zweiten (und der weiteren) Säulen werden entsprechend angeordnet. Auch hier gilt: Nur die Segmente hervorheben, auf die es ankommt, und kleine Segmente zusammenfassen. Allerdings gilt die Regel ‚Anordnung nach der Größe' nur eingeschränkt: Vorrang hat das Segment, das Sie vergleichen möchten. Es sollte oben oder unten an der Basislinie stehen, so erkennt der Betrachter seine Veränderung über die einzelnen Säulen hinweg auf einen Blick.

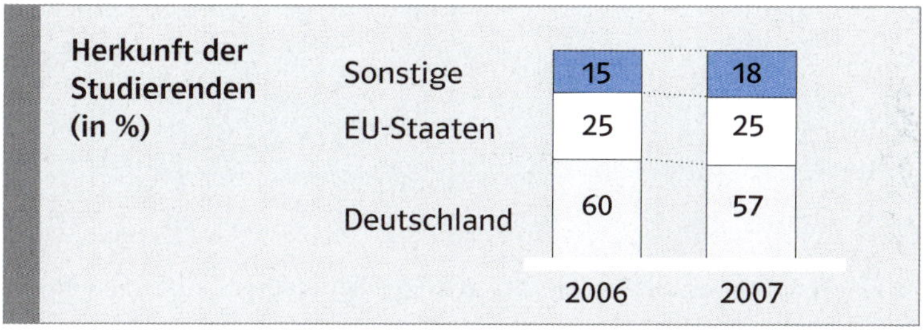

Herkunft der Studierenden (in %)			
	Sonstige	15	18
	EU-Staaten	25	25
	Deutschland	60	57
		2006	2007

Abb. 5.6: „2007 hat sich der Anteil der außereuropäischen Studierenden leicht erhöht."

Prozentwerte

Kreisdiagramme und 100-Prozent-Säulen verdeutlichen immer Prozentwerte, keine absoluten Zahlen. Häufig wird daher der absolute Wert als Ziffer über dem Kreis bzw. über den Säulen notiert. Damit der Vergleich nicht in die Irre führt, liegen die absoluten Werte in der Regel in der gleichen Größenordnung. Ein Vergleich der Umsatzstruktur zwischen einem Unternehmen mit 50 Milliarden Euro Umsatz und einem mit 10 Millionen Euro Umsatz wäre zumindest ungewöhnlich.

Entwicklung und Trend

„Die Zahl der Studierenden hat stetig zugenommen." „Die Mieten werden in den nächsten Jahren deutlich sinken." Solche Aussagen über vergangene Entwicklungen oder prognostizierte Trends vergleichen Zahlen über die Zeit hinweg. Die geläufigen Diagramme für solche Zeitreihen sind Säulen- oder Liniendiagramme.

Mit Säulendiagramm

Bei Säulendiagrammen steht jede Säule für einen Zeitpunkt (Jahr, Monat oder Tag). Die Zeitangaben stehen immer unter den Säulen, die Werte über den Säulen. Alternativ können Sie eine Ordinatenachse (y-Achse) einfügen und die Werte dort abtragen. Übersichtliche Diagramme sind gut lesbar beschriftet. Das bedeutet: Die Schrift sollte nicht gedreht werden. Schon aus diesem Grund können nicht unbegrenzt viele Säulen auf der Seite platziert werden. Es gibt keine verbindliche Maximalzahl für die Anzahl von Säulen pro Diagramm. Der beste Test ist der unvoreingenommene Blick: Wenn die Säulen vor den Augen zu flimmern beginnen, sind es definitiv einige zu viel. Für einen ausgewogenen Eindruck sollten zudem die Abstände zwischen den Säulen schmaler sein als die Breite der Säulen. Der Durchschnittwert kann durch eine waagerechte Linie angegeben werden.

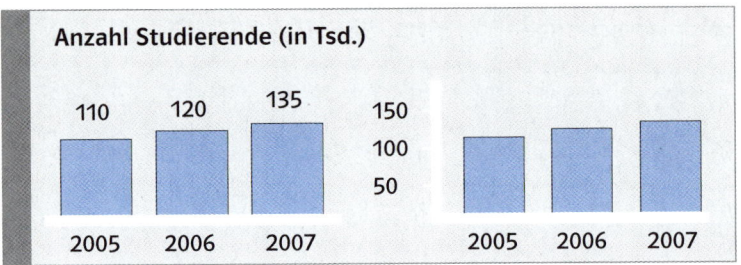

Abb. 5.7: „Die Zahl der Studierenden ist kontinuierlich gestiegen." – Zwei Möglichkeiten der Darstellung

Mit Linien-diagramm

Liniendiagramme eignen sich, wenn zahlreiche Werte dargestellt werden sollen. Punkte (Kreuze oder Kästchen) für die einzelnen Werte sind in der Regel nicht erforderlich (werden aber leider von manchen Präsentationsprogrammen automatisch produziert und sind dann schwer zu eliminieren).

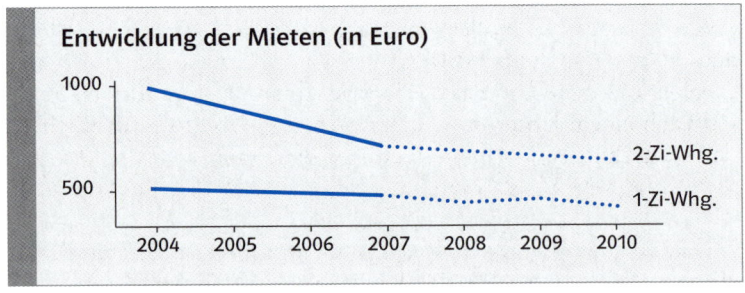

Abb. 5.8: „Die Mieten werden in den nächsten Jahren sinken."

Linien unterscheiden

Mit einem Liniendiagramm kann man die Entwicklung von zwei oder mehr Objekten miteinander vergleichen. Die Linie für das wichtigste Objekt sollte die deutlichste Linie sein (fette oder durchgezogene Linie; Linie in der Hauptfarbe), die Linien für die Vergleichsobjekte sollten entsprechend optisch zurücktreten (dünnere oder gestrichelte Linien; Linie in hellerer Abstufung der Hauptfarbe). Prognostizierte Trends werden mit gestrichelten Linien dargestellt.

Wenn die Werte sehr hoch liegen und der Nullwert keine Rolle spielt, kann die Achse ,gebrochen' werden. Dies wird durch zwei schräg gestellte Querstriche am unteren (bzw. bei der x-Achse am linken) Ende der Achse dargestellt.

Achse brechen

Wie viele Kurven passen auf eine Seite? Theoretisch (fast) unendlich viele, praktisch im Idealfall drei und höchstens vier, sonst kann der Blick die Linien nicht mehr auseinander halten. Wenn mehr Linien gezeigt werden sollen, hilft folgende Lösung: Die Referenzlinie (= die Linie für das wichtigste Objekt) wird hervorgehoben, auf jeder Seite wiederholt und mit der Linie für ein weiteres Objekt (oder den Linien für maximal zwei weitere Objekte) verglichen.

Referenzlinie verwenden

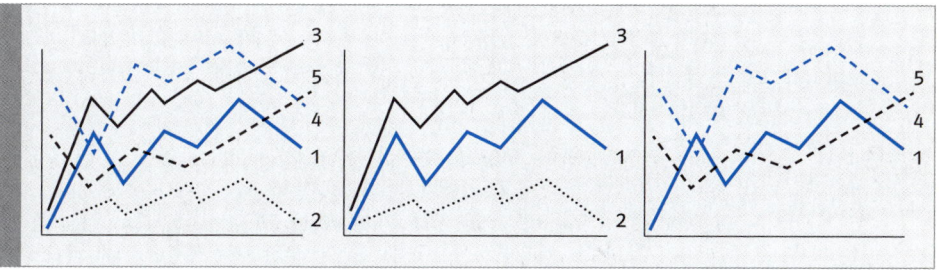

Abb. 5.9: Mehrere Liniendiagramme entzerren

„Nach Anzahl der Nobelpreisträger steht die Universität XY auf dem ersten Platz unter den europäischen Universitäten." Bei solchen Aussagen geht es um den Vergleich von verschiedenen Objekten nach einem Kriterium. Dabei wird eine Rangfolge deutlich (in der Wirtschaft spricht man auch von Benchmarking) – und genau diese Rangfolge sollte optisch auf den ersten Blick erkennbar sein.

Rangfolge

Dafür bietet sich ein Balkendiagramm an, das nichts anderes ist als ein um 90 Grad gedrehtes Säulendiagramm. Theoretisch sind auch Säulendiagramme möglich, Balkendiagramme bieten jedoch für diese Art von Vergleich den Vorteil, dass sie genügend Raum für die Bezeichnung der Objekte bieten. Die Objekte werden von oben her nach Größe oder Bedeutung angeordnet. Nur der wichtigste Balken wird optisch hervorgehoben. Die Werte von sehr kleinen Objekten können zu einem Balken zusammengefasst werden (wenn es die Aussage nicht verzerrt). Der Durchschnittswert kann durch eine senkrechte Linie angegeben werden.

Mit Balkendiagramm

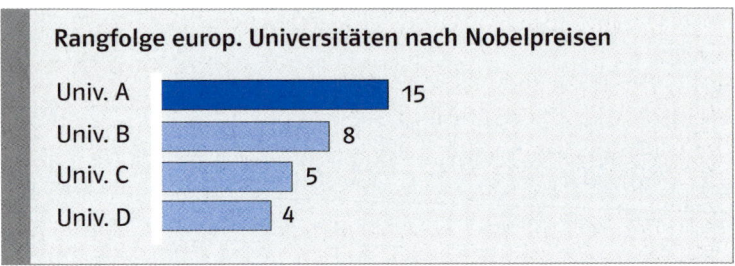

Abb. 5.10: „Nach Anzahl der Nobelpreise steht die Universität XY auf dem ersten Platz unter den europäischen Universitäten."

Kriterium und Aussage

Rangfolgen werden stets nach einem Kriterium (oder mehreren Kriterien) aufgestellt. Dabei ist zu beachten, dass das gewählte Kriterium die Aussage ausreichend stützt. So kann man sicher über die Abbildung 5.10 auch die Aussage setzen: „Deutschland braucht mehr Innovation." Allerdings muss dann zuvor begründet werden, dass die Zahl der Nobelpreise ein wesentlicher Indikator für Innovation ist.

Häufigkeitsverteilung

„Die meisten Angestellten in unserem Unternehmen sind 30 bis 40 Jahre alt." „2020 werden die meisten Deutschen über 60 Jahre alt sein". „Die meisten Aufträge haben ein Volumen von 10 bis 20 Euro." Was auf den ersten Blick aussieht wie der Vergleich eines Ganzen mit seinen Teilen (Stichwort ‚die meisten'), entpuppt sich bei näherem Hinsehen als eine weitere Art von Vergleich: die so genannte Häufigkeitsverteilung. Bei ihnen geht es um Größenklassen und das Schlüsselwort in der Aussage ist ‚bis' oder ‚über/unter'.

Mit Histogramm

Bei Häufigkeitsverteilungen bildet man aus großen Datenmengen Klassen und stellt jede Klasse als Säule in einem Histogramm dar. Im Unterschied zum Säulendiagramm stehen die Säulen eines Histogramms ohne Abstand nebeneinander. Auch hier gilt, dass nur die wichtigste Säule optisch hervorgehoben wird. Das Problem bei einer Häufigkeitsverteilung besteht darin, die Intervalle richtig zu bestimmen: Sind die Intervalle zu eng, lassen zufällige Schwankungen eventuell kein klares Bild erkennen. Sind die Intervalle hingegen zu breit, werden möglicherweise wichtige Details nicht bemerkt.

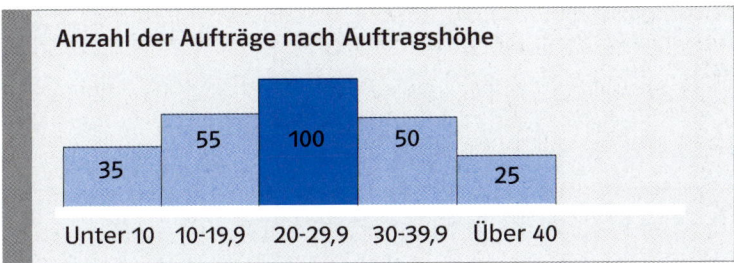

Abb. 5.11: „Die meisten Aufträge haben ein Volumen von 20 bis 30 Euro."

Bei einer höheren Zahl von Werten werden Häufigkeitsverteilungen als Gaußsche Kurve gezeichnet. Ein bekanntes Beispiel ist die demografische Verteilung der Bundesrepublik Deutschland: Sie besteht aus zwei solcher Kurven (Männer, Frauen) und ergibt die berühmte demografische ‚Zwiebel', die in den nächsten Jahren dank des demografischen Wandels zum ‚Pilz' mutieren wird.

Mit Gaußscher Kurve

Korrelationen beleuchten den Zusammenhang zweier Variablen. Man unterscheidet drei Arten: positive, negative und keine Korrelation.

Korrelation

Eine positive Korrelation bedeutet: Große Werte der einen Variable treten in der Regel zusammen mit großen Werten der anderen Variable auf (und kleine Werte mit kleinen Werten): „Je höher der Preis, desto höher die Haltbarkeit des Produkts." „Je niedriger die Miete, desto einfacher die Wohnung."

Positive Korrelation

Eine negative Korrelation bedeutet: Große Werte der einen Variable treten in der Regel zusammen mit kleinen Werten der anderen Variable auf (und kleine Werte mit großen): „Je mehr gefahrene Kilometer, desto günstiger der Preis des Gebrauchtwagens." „Je niedriger die Semesterzahl bis zum Abschluss des Studiums, desto höher der Erlass der BAföG Rückzahlung."

Negative Korrelation

Keine Korrelation besteht, wenn kein Muster erkennbar wird: „Zwischen Alter und Intelligenz ist kein Zusammenhang nachweisbar."

Keine Korrelation

Korrelationen können Sie mit Balkendiagrammen oder mit Punktediagrammen veranschaulichen. Bei Balkendiagrammen stehen die Säulen der linken Seite für die Werte der einen Eigenschaft (der ersten Variablen), die Balken der rechten Seite für die Werte der

Mit Balkendiagramm

anderen Eigenschaft (der zweiten Variablen). Die Beschriftung (der Objekte, die verglichen werden) steht praktischerweise in der Mitte. Wie immer gilt: nicht zu viele Balken auf die Seite platzieren und nur die Balken desjenigen Objekts grafisch hervorheben, um das es in der Aussage der Folie geht.

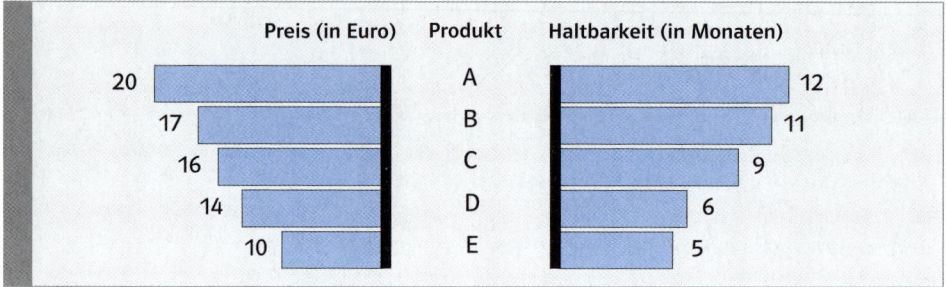

Abb. 5.12: „Je höher der Preis, desto haltbarer ist das Produkt."

Mit Punkte-diagramm

Bei zahlreichen Werten eignet sich ein Punktediagramm besser. Auf den Koordinatenachsen werden jeweils die Variablen abgetragen, jeder Punkt in Koordinatenfeld steht für ein Objekt. Besteht eine Korrelation, gruppieren sich die Punkte nahe an der so genannten Erwartungslinie (oder -kurve). Besteht keine Korrelation, sind die Punkte über das Feld verstreut.

Beschriftung der Achsen

Bei der Beschriftung der Koordinatenachsen sollten Sie gewisse Sehgewohnheiten beachten: Vergleichen Sie beispielsweise in einem Schaubild Preis und Haltbarkeit von Gegenständen, bietet es sich an, den Preis auf der Ordinate (y-Achse) abzutragen, die Haltbarkeit auf der Abszisse (x-Achse), da auf ihr üblicherweise die Zeit eingetragen wird. So kann der Preis auch optisch ‚hoch' oder ‚niedrig' sein, die Haltbarkeit ‚kurz' oder ‚lang'.

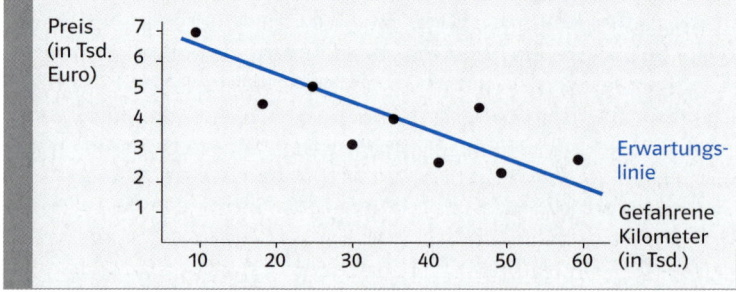

Abb. 5.13: „Je mehr gefahrene Kilometer, desto günstiger der Preis des Gebraucht-wagens."

3 Erweiterte Formen und Kombinationen

Das Blasendiagramm (auch Bubblediagramm) ist ein erweitertes Punktdiagramm, das drei Variablen in einer zweidimensionalen Fläche darstellen kann: Variable 1 durch die Abszisse (x-Achse), Variable durch die Ordinate (y-Achse) und Variable 3 durch die Größe der Blase. Damit das Diagramm übersichtlich bleibt, sollten sich die Blasen nicht allzu stark überlappen.

Blasen-diagramm

Ein Beispiel für diese Darstellungsform ist die von der BOSTON CONSULTING GROUP entwickelte Portfoliomatrix, die künftige Gewinnchancen von Geschäftseinheiten bewertet. Die Größe der Blasen steht für die Umsatzgröße der betrachteten Geschäftseinheiten, deren relativer Marktanteil ist auf der x-Achse abgetragen und das Marktwachstum auf der y-Achse.

Beispiel Portfoliomatrix

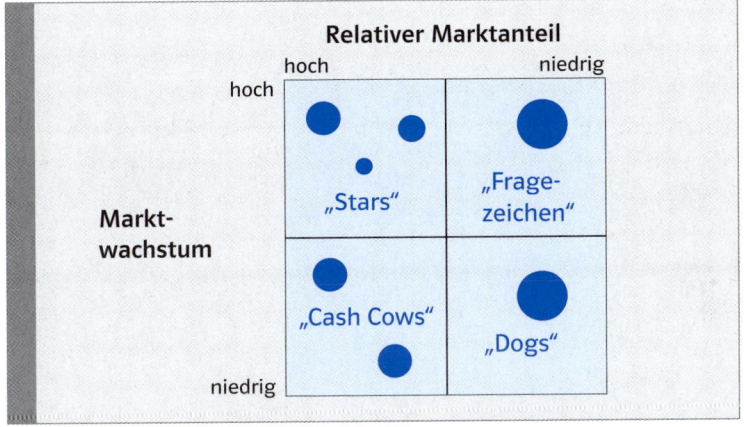

Abb. 5.14: BCG-Portfoliomatrix als Beispiel für ein Blasendiagramm (nach: http://www.bcg.de/bcg/klassiker/portfolio/index.jsp)

Flächendiagramme sind Erweiterungen von Liniendiagrammen. Die Fläche unter der Linie wird eingefärbt und stellt die eigentliche Aussage dar.

Flächen-diagramm

Ein bekanntes Beispiel ist die betriebswirtschaftliche ABC-Analyse. Eine typische ABC-Analyse gibt beispielsweise an, welche Produkte am stärksten am Umsatz eines Unternehmens beteiligt sind (A) und welche am wenigsten (C). Auch die Einteilung in ‚A-Kunden' etc. beruht auf einer ABC-Analyse (nach dem Kriterium Umsatz pro Kopf). Bei allen diesen Analysen werden zweidimensionale Werte-

Beispiel ABC-Analyse

paare gebildet (z. B. Produkt und Umsatz oder Kunde und Umsatz), nach Größe sortiert, kumuliert und in Klassen (A, B, C) eingeordnet.

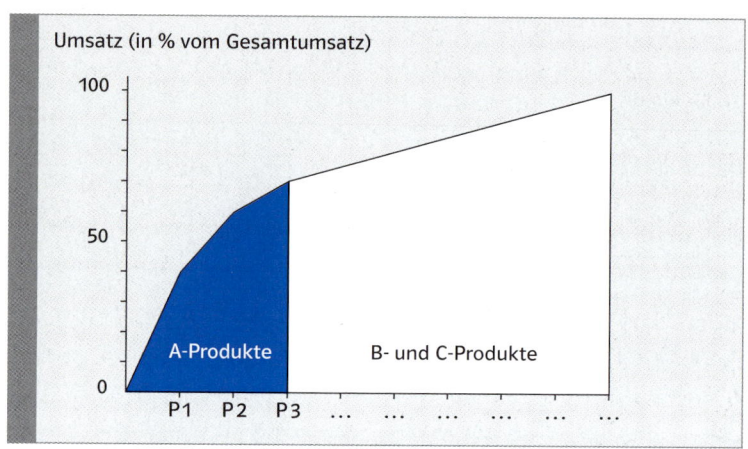

Abb. 5.15: Beispiel einer ABC-Analyse – „Den Hauptanteil des Umsatzes erwirtschaftet das Unternehmen mit nur drei Produkten."

Stapelsäulen und -balken

Säulen- und Balkendiagramme können einfach unterteilt werden, jedes Segment steht dann für eine Untermenge der Gesamtheit. Da dies schnell ein unübersichtliches Bild ergeben kann, sollten Sie abwägen, ob Sie zur Verdeutlichung der Aussage die Untersegmente benötigen. Im Zweifelsfall sollten Sie sie weglassen oder in einem eigenen Diagramm darstellen. Im nachfolgenden Beispiel werden die Geschäftsfelder in der Aussage nicht erwähnt, im Diagramm aber dargestellt. Hier wäre zu entscheiden, ob nicht nur die Zahlen für die Unternehmen dargestellt werden sollten.

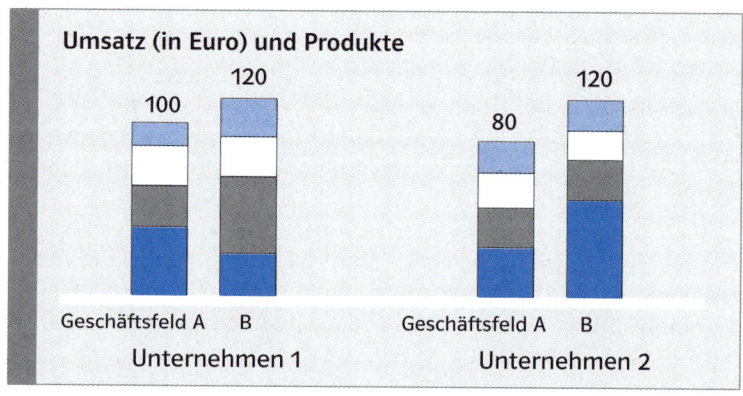

Abb. 5.16: „Die beiden Unternehmen haben unterschiedliche Produkte."

Beliebt sind gestaffelte Säulen und Balken. In den meisten Fällen stellen sie jedoch eine Kombination von zwei Aussagen dar: einem Größen- und einem Zeitreihenvergleich. Hier heißt es, sich zu entscheiden, auf welche Aussage es ankommt, und diese zu visualisieren. Manchmal ist es auch möglich, eine übersichtlichere Darstellungsform zu finden.

Gestaffelte Säulen und Balken

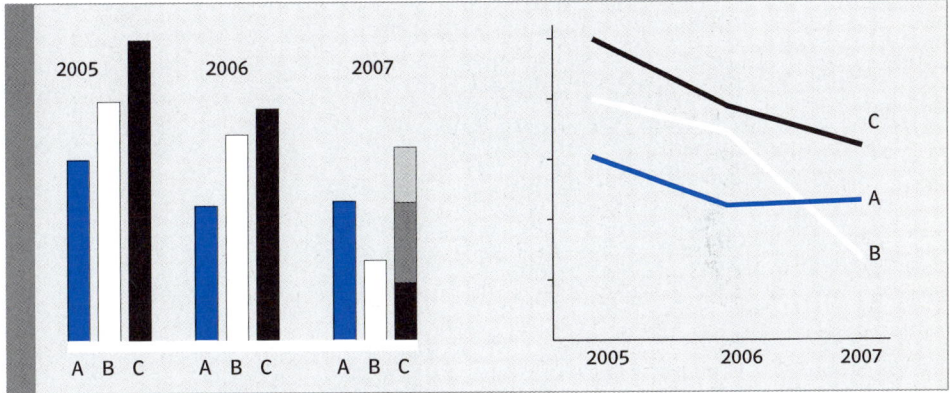

Abb. 5.17: Beispiel für Linien- und Säulendiagramm

Mit dreidimensionalen Diagrammen sind hier nicht 3D-Effekte gemeint (*siehe Kapitel 5.6*), sondern Formen, die drei Variablen berücksichtigen können. Ein bekanntes Beispiel aus der Volkswirtschaft ist das ‚Ertragsgebirge‘: Es stellt den Ertrag in Abhängigkeit von unterschiedlichen Einsatzmengen zweier Produktionsfaktoren dar. Dreidimensionale Diagramme sind sehr aufwändig in der Herstellung und erschließen sich nur bei längerer Betrachtung. Da es zudem häufig eine aussagekräftige zweidimensionale Variante gibt (beim Ertragsgebirge beispielsweise die Isoquante, die Linie des gleichen Ertrags bei unterschiedlichen Einsatzmengen der Produktionsfaktoren), empfiehlt es sich für Präsentationen in beruflichem Kontext, die zweidimensionale Variante zu wählen oder die dreidimensionale Darstellung in mehrere zweidimensionale aufzuteilen.

Dreidimensionale Diagramme

Mitunter finden sich über Diagrammen weitere Zahlen über den Säulen, Balken oder Linien. Bei solchen ‚Halbvisualisierungen‘ ist Vorsicht geboten: Die wichtigen Zahlen sollten in der Grafik visualisiert sein. Jedes Element, das zusätzlich wahrgenommen werden muss, mindert die Wirkung der Grafik und erschwert das Verständnis.

Kombination Diagramme und Zahlen

Kombination von Diagrammen

Manche Diagramme lassen sich gut miteinander kombinieren, ohne dass die Übersichtlichkeit leidet: Linien- und Säulendiagramme oder Kreis- und Säulendiagramme. Die Kombination Kreis- und Säulendiagramme wurde bereits gezeigt (*vgl. Abb. 5.5*), das folgende Beispiel zeigt, wie Linien- und Säulendiagramm miteinander kombiniert werden können. Sowohl Linie wie Säulen visualisieren die Entwicklung des Umsatzes, die Säulen bieten zudem die Möglichkeit, Umsatzanteile darzustellen.

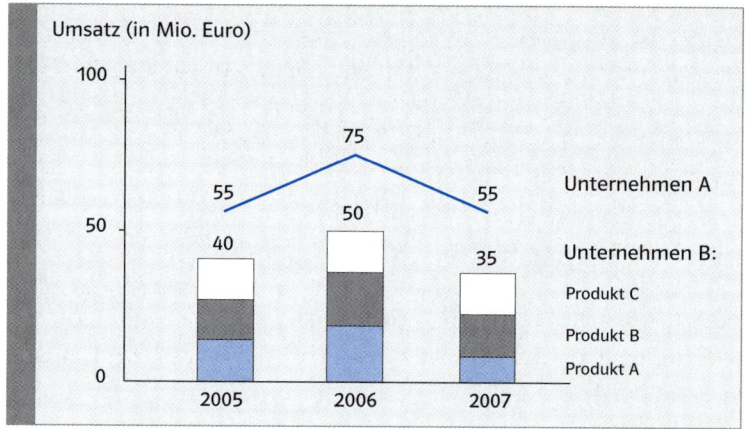

Abb. 5.18: Beispiel für gestaffelte Säulen – und eine übersichtlichere Darstellung

Kombination Diagramm und Piktogramme

Die in den Printmedien beliebten bildhaften Darstellungen von Zahlenvergleichen sind für Präsentationen nicht geeignet. Zum einen verursachen sie übermäßig hohen Herstellungsaufwand, zum anderen aber gehören sie leicht zu den Beispielen, wie man ‚mit Statistik lügt‘ (KRÄMER 2005: 111ff).

Gefahr der Verzerrung

Gute Piktogramme übersetzen die Zahlen in ein anschauliches Bild und geben die Größenverhältnisse korrekt wieder. Letzteres ist aber in der Praxis gar nicht so einfach. Meist wird die Breite oder Höhe der Objekte verdoppelt oder verdreifacht. Doch bei zweidimensionalen Flächen nimmt der Betrachter die Fläche wahr – diese beträgt aber immer ein Vielfaches der Grundlinien. Daher gilt, in Präsentationen auf diese Art von ‚Infotainment‘ zu verzichten.

Abb. 5.19: Beispiel für missverständliches ‚Infotainment‘

4   Tabellen

Tabellen oder Diagramm – welche Form ist besser geeignet als Darstellungsform für Zahlen? Diese Frage muss unentschieden bleiben, Studien kommen zu unterschiedlichen Ergebnissen. Neben der Art und Menge der Daten spielen vor allem die Seh- und Lesegewohnheiten der Zielgruppe die entscheidende Rolle. Controller erfassen betriebswirtschaftliche Zahlenzusammenstellungen wie Bilanzen oder Gewinn- und Verlustrechnungen mühelos und sehen auf einen Blick, wo das Unternehmen in Schwierigkeiten steckt. Naturwissenschaftler ziehen möglicherweise aus Tabellen schnellere und genauere Schlüsse als aus Schaubildern (GOLDHAMMER & JANICH in MOOSBRUGGER 2002: 26). Auch Tuftes Gegenüberstellung von klaren Tabellen und (schlechten) Powerpoint-Grafiken lassen auf eine gewisse Präferenz von Tabellen schließen (TUFTE 2006: 16f).

Abhängig von Sehgewohnheiten

Tabellen in Präsentationen eignen sich für größere Mengen von Daten, die als Detailinformation aufgenommen werden müssen, jedoch durch grafische Umsetzung unverhältnismäßig viel Raum in Anspruch nehmen würden.

Einsatz

Tabellen finden ihre natürliche Begrenzung durch die Seitengröße und die dadurch erforderliche Schriftgröße. Wenn die Seite präsentiert werden soll, muss die Schrift lesbar sein. Nur bei schriftlichen Unterlagen kann sie kleiner ausfallen.

Gestaltung

Tabellen können schlanker gestaltet werden, wenn nur die Leserichtung durch grafische Elemente wie Linien betont wird.

	Spalte 1	Spalte 2
Zeile 1	1	4
Zeile 2	2	5
Zeile 3	3	6

Leserichtung horizontal betonen:

	Spalte 1	Spalte 2
Zeile 1	1	4
Zeile 2	2	5
Zeile 3	3	6

Leserichtung vertikal betonen:

	Spalte 1	Spalte 2
Zeile 1	1	4
Zeile 2	2	5
Zeile 3	3	6

Abb. 5.20: Tabellen – Betonung der Leserichtung

3   Abstrakte Begriffe visualisieren

**Konzeptionelle
Grafiken**

Fakten und Argumente, die nicht auf Zahlen basieren und daher nicht als Diagramme visualisiert werden können, werden meist als Textpunkte auf einer Folie zusammengefasst. Allerdings erzeugen zu viele Textfolien in einer Präsentation eine optisch eintönige Wirkung. Zudem suggerieren Textpunkte, dass die Argumente logisch auf der gleichen Ebene stehen, also entweder gleichartig sind oder eine sequentielle Abfolge zeigen (*siehe Kapitel 4.3*). Für andere logische Zusammenhänge gibt es visuell bessere Möglichkeiten: Konzeptionelle Grafiken übersetzen einen abstrakten Begriff in eine grafische Darstellung und verdeutlichen den logischen Zusammenhang auf einen Blick. Für einige Zusammenhänge haben sich (kulturell) bekannte Symbole etabliert, bei anderen ist Kreativität gefragt.

Abläufe

Chronologische Abläufe (Prozesse) werden meist mit Pfeilen dargestellt. Pfeile verdeutlichen gleichzeitig den Zeitablauf und die Ausrichtung auf ein Ziel. Mit ihnen können beispielsweise Arbeitsschritte dargestellt werden.

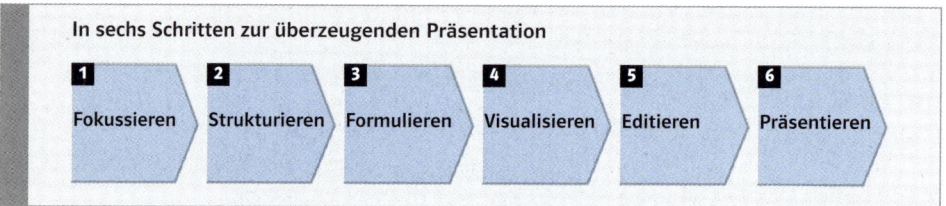

Abb. 5.21: Beispiel für konzeptionelle Grafik – Pfeile für Arbeitsschritte

**Aufbau,
Struktur**

Logische Unter- und Überordnung lässt sich mit der bereits ausführlich dargestellten Baumstruktur darstellen. Nach dem Prinzip ‚An der Spitze steht das Wichtigste' ordnet eine solche Baumstruktur Ober- und Unterbegriffe. Die bekannteste Form ist das Organigramm, eine Übersicht über die Organisationsstruktur eines Unternehmens oder einer Institution. Einsetzbar ist der ‚Baum' auch für Problemanalysen, dann wird er aus Platzgründen meist um 90 Grad gedreht.

2, 3, 4 Faktoren

Gut als Übersichtsfolien (*siehe Kapitel 4.1*) geeignet sind Darstellungen, die zwei, drei oder vier Faktoren grafisch umsetzen – in der einfachsten Form als Drei- oder Vierecke oder in bildhaften Darstellungen als Motive wie Puzzleteile oder Teile eines Gebäudes.

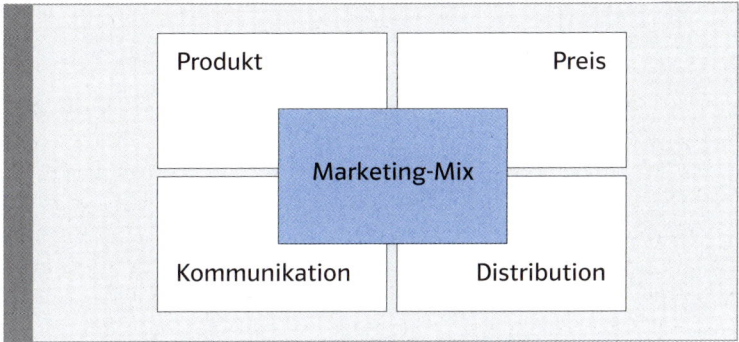

Abb. 5.22: Beispiel für konzeptionelle Grafik – Vier Faktoren

Technische und naturwissenschaftliche Sachverhalte lassen sich durch schematische Darstellungen häufig leichter vermitteln als durch bloße Erklärungen. Sehr komplexe Sachverhalte sollten in der Präsentation Schritt für Schritt entwickelt werden, damit sie leichter nachvollzogen werden können. **Technik und Naturwissenschaft**

Auch Karten zählen zu konzeptionellen grafischen Darstellungen. Für Präsentationen empfehlen sich – je nach Thema – meist Karten, die nur die wesentlichen Elemente zeigen (z. B. Ländergrenzen und Produktions- oder Vertriebsstandorte). **Karten**

Wie würden Sie ‚Freiheit‘ visuell umsetzen? Oder ‚Vorteile und Nachteile‘? Oder ‚Gegensatz‘? Das Thema ‚Vorteile und Nachteile‘ ist relativ einfach: Man könnte eine Anleihe in der Mathematik machen und mit Plus- und Minus-Zeichen arbeiten. Auch ‚Gegensatz‘ lässt sich visuell leicht erkennbar darstellen: durch zwei Elemente, die sich grafisch gegenüberstehen. **Abstrakte Begriffe**

Eine Alternative zu Text-Folien sind Konzept-Folien –
Sie verdeutlichen Zusammenhänge auf den ersten Blick

Pro und Contra von Text-Folien

• Sind leicht herzustellen • Sind übersichtlich • Bieten vollständige Information zum Nachlesen	• Können einschläfernd wirken • Verleiten zu (über-)langen Ausführungen • Verleiten zu Ansammlungen von beliebigen Stichpunkten

Abb. 5.23: Beispiel für konzeptionelle Grafik – Vorteile und Nachteile

Kreativität gefragt

Für die Visualisierung von abstrakten Begriffen wie ‚Freiheit' ist Kreativität gefragt – und zwar Kreativität nicht als naturgegebene Gabe, sondern als Fähigkeit, die jeder trainieren kann. Je nach Geschmack können Sie zwischen intuitiven und systematischen Methoden wählen.

Intuitive Methode

Auf Intuition zu setzen, heißt zu fragen: „Was bedeutet dieser Begriff für mich? Welches Bild verbinde ich damit?" Bei der intuitiven Herangehensweise kommt es darauf an, Ideen zunächst zuzulassen und nicht vorab als unrealisierbar oder inakzeptabel zu zensieren. Viele Kreativitätsmethoden beruhen daher auf einer strengen Unterscheidung der drei Phasen der Kreativität:

▶ Phase 1: Ideen finden und sammeln
▶ Phase 2: Ideen umsetzen
▶ Phase 3: Umsetzung überprüfen und wenn nötig verbessern

Disney-Methode

WALT DISNEY soll diesen drei Phasen sogar verschiedene (Arbeits-) Orte zugeordnet haben (‚drei Stühle'). Eine ähnliche Dreiteilung schlägt MARGIT HERTLEIN vor (2003: 45ff), allerdings empfiehlt sie, nach der Ideenfindung die gefundenen Ideen zunächst auf Realisierbarkeit und Akzeptanz zu überprüfen, bevor es an die Umsetzung geht.

Aussagen als Ausgangspunkt

Bei der Bildfindung von Begriffen auszugehen, ist eine Möglichkeit. Mehr Kontext – und damit auch mehr Anknüpfungspunkte – enthalten jedoch Aussagen. GENE ZELAZNY empfiehlt daher, von Aussagen auszugehen und das erste Bild zu zeichnen, das einem dazu einfällt (ZELAZNY 2002: 72f).

Beispiel ‚Freiheit'

Um auf das vorige Beispiel ‚Freiheit' zurückzukommen: Zielgerichteter lassen sich solche Begriffe visualisieren, wenn die Aussage klar ist, in der der Begriff vorkommt. Eine Aussage wie „Freiheit als grundlegender Wert der westlichen Zivilisation" bietet andere Anknüpfungspunkte für die Visualisierung (‚westliche Zivilisation', ‚Grundlage') als eine Aussage wie „Die Freiheit der Forschung ist Voraussetzung für erfolgreiche Grundlagenforschung" (Labor, Menschen in weißen Kitteln etc.). Begriffe wie ‚Freiheit' stellen allerdings auch besondere Herausforderungen dar. Solche Abstrakta rein konzeptionell umzusetzen, fällt schwer. Hier wird man auf (etablierte) Bilder zurückgreifen, z. B. die Freiheitsstatue oder das Gemälde von Eugène Delacroix „Die Freiheit führt das Volk" (zu Fotos siehe Kapitel 5.4).

Wer systematischer vorgehen möchte, dem seien die „Kreativ-Methoden der Visualisierung" von WERNER GAEDE empfohlen. GAEDES vom Strukturalismus inspirierter Ansatz unterscheidet zwölf Kreativ-Methoden der Visualisierung und die damit verbundenen Gestaltungsprinzipien. Er analysiert systematisch den Weg „vom Wort zum Bild" und formuliert die Ergebnisse als Gestaltungsregeln.

Systematische Methode

Mit der Kreativ-Methode „Ähnlichkeit/visuelle Analogie" wird eine „verbale Aussage/Bedeutung durch Zeichen visualisiert, die zur verbalen Aussage/Bedeutung in einer Ähnlichkeits-Beziehung (= Analogie) stehen. Die Ähnlichkeit gründet sich auf ein gemeinsames (inhaltliches oder gestaltliches) Merkmal" (GAEDE 1992: 56). Als Beispiel zeigt er ein Bild, das für Car-Sharing steht: ein Känguru mit Känguru-Jungen im Beutel und einem Auto-Lenkrad in den Pfoten.

Beispiel

Mit den letzten beiden Beispielen bewegen wir uns zwar schon im Bereich von Fotos, doch noch ein Wort zur grafischen Umsetzung von visuellen Ideen: Einige Formen lassen sich mit Präsentationsprogrammen leicht umsetzen, andere erfordern einen zeichnerischen Aufwand, der den Nutzen leicht übersteigt. Je nach Stellenwert der Präsentation empfiehlt es sich daher, entweder die Umsetzung Grafik-Experten zu überlassen oder aber eine saubere Handzeichnung anzufertigen und einzuscannen.

Handzeichnungen

Als grafische Elemente können auch Clip Arts eingesetzt werden, die jedes Präsentationsprogramm anbietet. Allerdings gilt hier: Clip Arts sollten sparsam eingesetzt werden, sie sollten aus einem einheitlichen Stil stammen und für berufliche Präsentationen nicht zu spielerisch gestaltet sein.

Clip Arts

Für alle Visualisierungen gilt: Testen Sie ihre Wirkung vorab! Wenn Bilder unmittelbarer wirken als Worte, dann kann man mit ihnen auch schneller ‚danebenliegen'. Fragen Sie also: Wie kommen die Bilder an? Werden sie so verstanden, wie sie gemeint sind? Werden sie überhaupt verstanden? Wirken sie wie gewünscht? Oder entfalten sie unerwünschte Nebenwirkungen?

Immer testen

Ob die Visualisierung zur Aussage (zum Begriff) passt, können Sie durch einen einfachen Test feststellen: Lassen Sie die Aussage/den Begriff weg und zeigen Sie nur das Bild. Wenn der Begriff auf Anhieb richtig erkannt wird, ist die Visualisierung perfekt.

‚Auf den ersten Blick'

4   Fotos und Cartoons verwenden

Informative Bilder

Bilder erfüllen unterschiedliche Funktionen. Informative Bilder dienen der Illustration, d. h. der visuellen Unterstützung eines Sachverhalts. Sie sind immer dann angebracht, wenn sich ein Sachverhalt mit einem Bild am besten darstellen lässt. So kann die Darstellung der Produktpalette eines Unternehmens dazu dienen, die Unterschiede der Produkte darzustellen.

Emotionale Bilder

Bilder können aber auch emotionale Akzente setzen und den Appell-Charakter von Präsentationen betonen. Die Darstellung der Produktpalette in einer Imagepräsentation wird daher eher das Ziel verfolgen, das Unternehmen als besonders innovativ darzustellen, und weniger auf die genauen Details der Produkte abheben. Der Anblick von Menschen, Tieren und Landschaften weckt beim Betrachter am ehesten Gefühle – die Frage ist nur, wann sie in Geschäftspräsentationen sinnvoll sind. Einigermaßen akzeptiert sind Cartoons, mit denen man Situationen amüsant auf den Punkt bringt.

Einsatz

Bilder beleben Präsentationen – allerdings nur, wenn sie sparsam und gezielt eingesetzt werden. Gezielter Einsatz heißt vor allem, dass die Bilder in einem sinnvollen Zusammenhang zum Gesagten stehen und nicht nur der Auflockerung dienen. Gezielter Einsatz heißt auch, dass die Wirkung des Bildes vorab getestet werden sollte: Ist die Bildqualität ausreichend (Bildauflösung, Konturen, Farbkontraste)? Kommen die Bilder inhaltlich wie gewünscht an?

Nutzungsrechte

Fotos und Cartoons sind in der Regel honorarpflichtig. Nutzungsrechte, Honorare und Quellenangabe sind in jedem einzelnen Fall zu klären. Die Honorare von guten Bildern sind nicht unbeträchtlich und können sich bei den großen Bildagenturen rasch auf einige hundert Euro belaufen. Die unlizensierte Verwendung von Bildern kann Strafgebühren nach sich ziehen.

Rechtlich unproblematisch sind Bilder aus eigener Produktion. Unternehmen verfügen zuweilen über einen eigenen Bilderfundus, der genutzt werden kann.

5   Animation einsetzen

Mit Texten, die aus allen Richtungen einfliegen, und Objekten, die sich um die eigene Achse drehen und in einzelne Pixelpunkte auflösen, haben in den ersten Jahren viele Präsentierende experimentiert, selten zum Wohl der Präsentation und des Publikums. Heute gilt: In einer überzeugenden Präsentation sollte sich vor allem einer bewegen, der Präsentierende.

Bloße Effekte vermeiden

Animationen sollten die Aussagen der Folie gezielt unterstützen. Dies kann auf zwei Arten geschehen. Zum einen können wichtige Elemente durch Animation betont werden – beispielsweise eine Entwicklungslinie in einem Diagramm („Der Umsatz steigt"). Allerdings sollten Sie diesen Effekt in einer Präsentation nur für wenige Male aufsparen, sonst nutzt er sich sehr rasch ab.

Aussagen betonen

Zum zweiten können Sie mit Animation Folien Schritt für Schritt aufbauen. Dies empfiehlt sich für komplexe grafische Darstellungen, die das Publikum so besser nachvollziehen kann. Auch komplexe Sachverhalte wie mathematische Beweise können so aufgebaut werden (kommen aber im beruflichen Kontext eher selten vor).

Inhalte entwickeln

Nicht empfehlenswert hingegen ist eine Sitte, wie sie häufig bei Vorträgen in Hochschul-Veranstaltungen oder bei wissenschaftlichen Konferenzen anzutreffen ist: das schrittweise Einblenden von Textpunkten auf Textfolien. Im beruflichen Kontext wird diese Art zu präsentieren als zu stark lenkender Stil empfunden. Textfolien werden als Ganzes präsentiert, das gibt sowohl dem Präsentierenden wie auch dem Publikum größeren Freiraum, auf die einzelnen Punkte einzugehen.

Nicht bei Textpunkten

Aus diesen Einsatzmöglichkeiten ergibt sich die Art der Animation. Aus der Vielzahl der möglichen Effekte ist die Option des ruhigen Erscheinens ohne visuelle (oder gar akustische) Effekte die beste. Manche Optionen können sinnvoll sein, wenn sie die Aussage unterstützen („Der Umsatz steigt" – Animation nach oben). Toneffekte sind in den seltensten Fällen sinnvoll.

Art der Animation

Animationen sollten immer mit Mausklick programmiert werden, denn durch automatisches Erscheinen der Elemente erschweren Sie sich nur die Synchronisation von Gezeigtem und Gesagtem in der Präsentationssituation.

Immer mit Mausklick

6   Seiten übersichtlich gestalten

Folienvorlage

Wenn Sie häufiger Präsentationen halten, empfiehlt es sich, eine eigene Vorlage anzulegen, in der Einstellungen zu Layout, Schriftart und -größe gespeichert werden. Präsentationsprogramme bieten meist eine Reihe von Entwurfsvorlagen; für Präsentationen in beruflichem Kontext sind die einfachen Vorlagen ohne großartige Effekte am besten geeignet. Auf Hintergrundmotive sollten Sie verzichten, sie erschweren nur die Lesbarkeit. In vielen Unternehmen gibt es Vorlagen für Präsentationen, die nach dem Corporate Design gestaltet sind und die für Firmenpräsentationen eingesetzt werden.

Schriftklassen

Schriften werden in zwei Klassen eingeteilt: Serifenschriften und serifenlose Schriften (Grotesk-Schriften). Serifen werden die feinen Linien am Ende eines Buchstabenstrichs genannt, die quer zu seiner Grundrichtung abschließen. In Printmedien werden meist Serifenschriften (wie Times, Garamond) verwendet, für Präsentationen eignen sich serifenlose Schriften (wie Arial, Helvetica) besser, da sie ohne Verzerrung projiziert werden. Es empfiehlt sich, eine Schriftart zu wählen und nicht unterschiedliche Schriftarten zu mischen. (Ausnahme: Für einzelne Worte werden besondere Schriften eingesetzt, um einen bedeutungstragenden Effekt zu erzielen.)

Schriftgröße

Für die einzelnen Elemente der Folie – Überschrift, Textpunkte, Quellenangabe – sollte jeweils eine Schriftgröße festgelegt (möglichst insgesamt nur drei verschiedene Größen) und in der Präsentation durchgängig eingehalten werden. Schriftgrößen werden meist in Punkt angegeben. Welche Schriftgröße in der Projektion lesbar ist, lässt sich am besten vor Ort testen. Behelfsweise können Sie prüfen, ob ein auf dem Boden liegendes Blatt stehend gelesen werden kann.

Schriftarten

Als Schriftarten eignen sich ‚normal' und **fett** (zur Hervorhebung). Schlecht lesbar sind *kursive* (bei projizierten Texten) sowie (bei allen Texten) g e s p e r r t e Buchstaben und GROSSBUCHSTABEN. Unterstrichen wirkt konzeptartig, zudem werden meist Hyperlinks damit markiert.

Schriftfarbe

Für die Schriftfarbe gilt: Schwarze (oder dunkle) Schrift auf weißem (oder hellem) Grund ist bei Präsentationen am besten lesbar. Nur bei großen Vorträgen in abgedunkelten Räumen empfiehlt sich weiße (helle) Schrift auf dunklem Grund. Schlecht lesbar sind außerdem Schriften auf Hintergrundmotiven und gedrehte Schriften.

Als Aufzählungszeichen in beruflichen Präsentationen werden eher die nüchternen Varianten gewählt: • – -. Spielerische Effekte sind auf jeden Fall zu vermeiden. Auch Elemente, die eine gewisse Bedeutung implizieren, sollten nicht unbedingt standardmäßig eingesetzt werden (so implizieren Pfeile eine Folge, eine Konsequenz).

Aufzählungen

Für (Linien-)Diagramme empfiehlt es sich, zwei Linienstärken festzulegen – eine als Standardlinie (z.B. 1 Punkt), eine zur Hervorhebung (z.B. 2,25 Punkt). Für Linien von konzeptionellen Objekten reicht eine Linienstärke in der Regel aus (z.B. 2,25 Punkt).

Linien

Für einen harmonischen Eindruck sollten nicht zu viele Formen gemischt, also nicht Kreise, Rechtecke und Linien auf einer Seite untergebracht werden (Ausnahme Diagramme). Auch die Anordnung der Formen auf der Seite (linksbündig oder mittig) sollte nach Möglichkeit einheitlich durchgehalten werden. 3D-Effekte sind zu vermeiden, wenn sie nur dekorativen Charakter haben.

Formen

Für Diagramme bieten Präsentationsprogramme häufig zahlreiche verschiedene Raster; die meisten von ihnen erschweren es, Objekte und Formen zu erkennen. Für die Hervorhebung von Segmenten in Diagrammen eignen sich helle oder dunkle Grauflächen besser. Nach Möglichkeit sollten Sie nur zwei verschiedene Töne einsetzen – was ausreicht, wenn Sie sich an die Regel halten, nur die wichtigen Segmente in Diagrammen hervorzuheben.

Textur

Für Farben gilt das gleiche Prinzip: Weniger ist mehr. So können Sie eine Haupt- und Nebenfarbe festlegen, die sowohl miteinander harmonieren wie auch sich voneinander absetzen. Die Hauptfarbe setzen Sie dann beispielsweise für Segmente oder Elemente ein, die Sie betonen wollen, die Nebenfarbe für besondere Akzente. Zur weiteren Unterscheidung können auch hellere Farbabstufungen eingesetzt werden (nicht mehr als zwei verschiedene Abstufungen). Die Farbwirkung (wie auch die Wirkung von Grautönen) muss immer getestet werden, da sie von Beamer und Lichtbedingungen im Raum beeinflusst wird. Zu beachten ist auch, dass gewisse Kontraste von manchen Menschen nicht wahrgenommen werden können (Rot-Grün-Blindheit) und Farben kulturell eine bestimmte Bedeutung haben können (z.B. Trauerfarben). Einen Überblick über Farbpsychologie und Farbsymbolik bietet EVA HELLER (2004).

Farben

Flipchart

Wer mit Flipchart präsentieren möchte, sollte als erstes eine gut lesbare Schrift einüben. Dazu gehört der richtige Einsatz der speziellen Flipchart-Schreibstifte: Sie haben eine angeschrägte Spitze, mit der Sie breite und gut lesbare Linien erzeugen können. Beim Schreiben sollten Sie den Stift nicht drehen. Ober- und Unterlängen der Buchstaben fallen kürzer aus als bei normaler (Druck-)Schrift, die Buchstaben stehen eng zusammen.

Seiten vorbereiten

Komplexe Darstellungen können vorbereitet werden. Für Darstellungen, die Sie während der Präsentation entwickeln wollen, können Sie die Blattaufteilung vorbereiten. Dazu gibt es zwei Möglichkeiten: Entweder Sie skizzieren auf dem Flipchart-Bogen leicht mit Bleistift die zentralen Objekte, so dass Sie sie während der Präsentation nachzeichnen können. Oder Sie zeichnen die Vorlage auf ein DIN-A-4-Papier – das Format entspricht in etwa dem Format des Flipchart-Bogens. Kariertes Flipchart-Papier ist leichter zu handhaben als unliniertes, unliniertes wirkt ästhetischer. Schöne Ideen für Visualisierungen am Flipchart finden Sie bei Seifert (2005) und Rachow (2006).

ZUSAMMENFASSUNG

Sie haben es geschafft: Ihre Präsentationsunterlage ist (fast) fertig.

Sie haben für Ihr Thema genau die richtige Mischung von Diagrammen, Text- und konzeptionellen Grafiken gefunden und mit einigen Bilder zur Illustration und dem einen oder anderen Cartoon bewusste Akzente gesetzt. Für alle wichtigen Zahlen haben Sie das angemessene Diagramm gewählt und dieses konsequent auf die wesentlichen Informationen beschränkt. Bei den Diagrammen wie auch bei den konzeptionellen Grafiken, mit denen Sie logische Zusammenhänge verdeutlichen, ist das Wesentliche auf den ersten Blick zu erkennen.

Jetzt fehlt nur noch der Qualitätscheck.

Im Schritt „Editieren" geht es darum, der Präsentation den letzten Schliff zu geben und Ihren Auftritt zu proben. So können Sie die Qualität Ihrer Präsentationsunterlage steigern und gelassener in die Präsentationssituation gehen.

Qualitäts-check

Wie Texte erhalten auch Präsentationen erst den letzten Schliff, wenn sie nach Fertigstellung ‚auf Herz und Nieren' getestet werden. Nutzen Sie die Gelegenheit, noch einmal zu überprüfen, ob Sie die vorgestellten Arbeitsschritte zu Ihrer Zufriedenheit erfüllt haben:

Feinschliff

▶ Erfüllt die Präsentation das gesetzte Ziel? Beantwortet die Präsentation die Hauptfrage des Empfängers?
▶ Überzeugt sie durch klare Struktur? Sind alle wichtigen Punkte enthalten und überschneiden sie sich möglichst nicht? Führen Sie den „GUT"-Test durch.
▶ Erzählen die Folien eine nachvollziehbare ‚Geschichte'?
▶ Ist die Sprache verständlich und trifft sie den richtigen Ton?
▶ Sind alle Rechtschreibfehler beseitigt?
▶ Haben Sie für alle wichtigen Zahlen eine angemessene Visualisierung gefunden? Wird die Aussage auf den ersten Blick erkannt? Stimmen die Zahlen? Können Sie überflüssige Details weglassen?
▶ Sind die Textfolien klar aufgebaut? Führen Sie den „GUT"-Test durch. Falls die Anzahl der Textfolien zu hoch ist: Welche Textfolien lassen sich in konzeptionelle Grafiken umwandeln?
▶ Haben Sie für logische Zusammenhänge eine angemessene Visualisierung als konzeptionelle Grafiken gefunden? Wird die Aussage auf den ersten Blick erkannt?

Vier Augen sehen mehr als zwei, und bei allen selbst verfassten Texten fehlt jedem Autor nach einer gewissen Zeit der nötige Abstand. Lassen Sie daher Ihre Präsentation immer von einem Kollegen oder Bekannten gegenlesen. Dabei empfehlen sich zwei Durchgänge: Im ersten Durchgang sollte der Testleser vor allem auf Struktur, Geschichte und Wirkung achten; ein zweiter Durchgang sollte für reine Fehlerkorrektur reserviert sein.

Vier-Augen-Prinzip

Testlesen hilft, die Präsentationsunterlage zu optimieren. Doch die Präsentationssituation können Sie nur vorbereiten, indem Sie Ihren Auftritt proben. Dieser Testlauf sollte so echt wie möglich ausfallen. Im besten Fall halten Sie die Generalprobe in dem Raum, in dem Ihre Präsentation stattfindet (oder einem ähnlichen), und vor einigen Kollegen oder Bekannten als Testpublikum. Fordern Sie das

Testpublikum

Testpublikum ausdrücklich auf, Fragen zu stellen und mögliche Einwände vorzubringen. Es empfiehlt sich aber, darum zu bitten, dass Rechtschreibfehler und ähnliche Formalia nur notiert (und nicht geäußert) werden. So können Sie sich auf das Präsentieren konzentrieren und erhalten einen authentischeren Eindruck von der Wirkung Ihrer Präsentation. Achten Sie insbesondere auf folgende Aspekte:

▶ Passen Redetext und Folien zusammen? Sind Änderungen – am Redetext oder an den Folien – nötig? Funktionieren alle Links?
▶ Reicht die Zeit? Müssen Sie kürzen?
▶ Wie kommt das Gesagte an? Was sollten Sie ändern?

Allein

Nur im Notfall – wenn niemand als Testpublikum zur Verfügung steht – sollten Sie die Präsentation alleine proben. Wer mag, kann dies vor dem Spiegel tun, um gleichzeitig die Körpersprache zu kontrollieren (vielleicht nicht unbedingt beim ersten Mal ausprobieren). Sie können so zumindest überprüfen, ob der Redetext zu den Folien passt und ob Änderungen nötig sind. Vorsicht ist nur beim Abschätzen der Zeit geboten: Meist redet man schneller, wenn keine Zuhörer anwesend sind. Das Gleiche gilt, wenn man den Redetext abliest und nicht frei spricht.

ZUSAMMENFASSUNG

Der Termin naht. Sie haben Ihren Auftritt geprobt und letzte Änderungen in die Präsentationsunterlage eingearbeitet. Die Handouts für die Teilnehmer liegen bereit.

Sie haben gute Arbeit geleistet – nun ist es Zeit, sich selbst auf die Präsentationssituation vorzubereiten.

1   Sich selbst vorbereiten

Motivation

Wer mit seiner Präsentation andere überzeugen möchte, muss selbst überzeugt sein – von sich selbst, von der Sache und vom Publikum. Von sich selbst überzeugt zu sein, heißt sich vor Augen zu führen, was man kann, was man weiß, was man mit der Präsentation erreichen möchte und realistischerweise erreichen kann. Überzeugt von der Sache kann man sein, wenn man etwas zu sagen hat und sich gut vorbereitet fühlt. Ebenso wichtig ist eine positive Einstellung zum Publikum. Gehen Sie davon aus, dass das Publikum Ihnen freundlich gesonnen ist – in den meisten Fällen wird das der Fall sein. Mit einer freundlichen und sachlichen Haltung werden Sie aber auch in schwierigeren Gewässern Kritikern leichter den Wind aus den Segeln nehmen können (*siehe Kapitel 7.4*).

Lampenfieber

Was können Sie tun, wenn Sie unter Lampenfieber leiden? Zunächst einmal hilft es sich vor Augen zu führen, dass Lampenfieber eine völlig normale Reaktion auf Stresssituationen ist: Der Körper schüttet vermehrt Stresshormone aus und stellt damit die nötige Energie für kritische Situationen bereit. Ein gewisses Maß an Nervosität ist also ein Zeichen dafür, dass Sie sich auf die bevorstehende Präsentation einstellen. Wenn selbst bekannte Schauspieler und Sänger zugeben, vor jedem Auftritt Lampenfieber zu haben, befindet man sich in guter Gesellschaft.

Gegen-
strategien

Ein Problem stellt Lampenfieber erst dann dar, wenn die körperlichen Reaktionen zu Symptomen wie dem Blackout zu Beginn einer Präsentation führen. Hier gilt: Je sorgfältiger Sie Ihre Präsentationsunterlagen vorbereitet haben, desto sicherer werden Sie das Thema beherrschen und desto ruhiger werden Sie in die Präsentation gehen. Bereiten Sie den Raum und die Medien rechtzeitig vor, damit technische Pannen zu Beginn nicht für zusätzliche Adrenalinstöße sorgen (*siehe Kapitel 7.2*). Wenn Sie die Eingangssätze auswendig gelernt haben, können Sie trotz eventueller Nervosität am Anfang die Präsentation starten. Schließlich können Sie manche körperlichen Symptome (feuchte Achselhöhlen) mit geeigneter Kleidung überspielen (ein Lob dem Business-Jackett!), andere werden dem Publikum entweder gar nicht auffallen (feuchte Hände) oder längst nicht so sehr, wie Sie befürchten (roter Kopf). Entspannend wirkt es, wenn Sie sich vor der Präsentation positiv einstimmen, sei es, indem Sie sich an vergangene erfolgreiche (Rede- oder Arbeits-)Situationen erinnern, sei es, indem Sie ein Bild aus Ihrem

letzten Urlaub vor Ihrem inneren Auge hervorrufen. Auch Atem-
übungen (tiefe und gleichmäßige Bauchatmung) helfen dem Körper, sich zu entspannen. Wenn Sie öfter präsentieren, kann es sich
lohnen, langfristig eine Entspannungstechnik (wie Autogenes Training) zu erlernen.

**Angemessene
Kleidung**

Präsentieren heißt immer auch, sich selbst zu präsentieren. Noch
vor dem ersten Satz geben Sie durch Ihr Erscheinungsbild ein
Statement ab. Mit angemessener Kleidung signalisieren Sie dem
Publikum, dass Sie Anlass und Anwesende respektieren. Gleichzeitig erhöhen Sie Ihre subjektive Sicherheit – in der Gewissheit,
nicht ‚aus dem Rahmen zu fallen‘. Wählen Sie daher passende
Kleidung – angemessen für den Anlass, angenehm für Sie.

Für Männer

‚Angemessen‘ wird je nach Kleiderordnung (‚dress code‘) des
Unternehmens unterschiedlich ausgelegt werden. Bei formellen
Präsentationen kann man von ähnlichen Regeln wie bei Bewer-
bungsgesprächen ausgehen und eine etwas konservativere Kleidung
wählen. Für Männer bedeutet dies Anzug oder Kombination in
gedeckten Farben mit farblich abgestimmtem Hemd und Krawatte.
Das Jackett bleibt während der Präsentation zugeknöpft. Farblich
zur Hose passende, geputzte (Leder-)Schuhe sowie zur Farbe der
Schuhe passende, wadenlange Socken vervollständigen das Erscheinungsbild. Die Armbanduhr sollte nicht zu auffällig sein. Bei informellen Präsentationen im Kollegenkreis gelten meist weniger
strenge Richtlinien, Kopfbedeckungen (z.B. Baseballkappen) sind
aber auch bei solchen Gelegenheiten nicht üblich.

Für Frauen

Frauen haben die Wahl zwischen Hosenanzug, Kostüm oder Kombination, im Unterschied zu den Männern dürfen sie die Jacketts
zuknöpfen oder offen tragen. In Deutschland werden eher dezente
Farben bevorzugt. Geschlossene Lederschuhe mit nicht zu hohen
Absätzen sind auch im Sommer angebracht. Frisur und Schmuck
sollten nicht zu auffällig sein, große Ohrreifen und Armreifen behindern beim Präsentieren und lenken die Aufmerksamkeit des
Publikums ab. Make-up und Parfüm sollten unaufdringlich sein.

**Angenehm
zu tragen**

‚Angenehm‘ heißt, dass Sie sich in Ihrer Kleidung wohl fühlen sollten. Der Anzug oder das Kostüm sollte gut sitzen, Sie nicht einen-
gen und bei Bewegungen nicht übermäßig verrutschen. Auch wenn
Sie bei den ersten Malen möglicherweise das Gefühl haben, als
schlüpften Sie in eine fremde Rolle, zeigt die Erfahrung, dass for-
melle Kleidung hilft, die Rolle des Präsentierenden auszufüllen.

2   Raum vorbereiten und Medien beherrschen

Bei wichtigen Veranstaltungen empfiehlt es sich, den Raum am Abend vor der Veranstaltung zu überprüfen. So bleibt genügend Zeit, um Stühle umzugruppieren und alle Medien bereit zu stellen und einzurichten. Prüfen Sie:

Raum

- ▶ An welcher Stelle im Raum werden Sie präsentieren?
- ▶ Wo werden die Teilnehmer sitzen?
- ▶ Kann man Sie von jedem Punkt aus gut sehen und hören?
- ▶ Falls nicht: Ist die Bestuhlung veränderbar?

Je nach Teilnehmeranzahl und gewünschter Interaktion können Sie die Stühle in klassischer Vortragsformation (in Reihen und möglichst versetzt) oder in Hufeisen-Form anordnen. Achten Sie auch darauf, ob der Raum hell genug ist, ob er bei Bedarf (z. B. bei hellem Sonnenschein) durch Jalousien verdunkelt werden kann und ob sich Heizung und Lüftung regulieren lassen. Bei längeren Präsentationen oder Arbeitssitzungen sind Getränke üblich, manchmal auch kleine Snacks.

Funktionierende Technik sorgt für einen reibungslosen Start einer Präsentation; Pannen am Anfang bringen auch erfahrene Präsentierende ins Schwitzen. Prüfen Sie daher rechtzeitig vor Beginn Ihrer Präsentation:

Medien

- ▶ Sind alle benötigten Medien vorhanden?
- ▶ Sind die Medien einsatzbereit und können Sie sie bedienen?
- ▶ Gibt es einen Hausmeister oder Techniker, der Sie dabei unterstützen kann?

Jetzt ist auch die letzte Gelegenheit, noch einmal zu überprüfen, ob die Folien oder Flipchart-Blätter auch auf den hinteren Plätzen noch zu erkennen sind (idealerweise haben Sie das bereits im Vorfeld erledigen können). Flipchart-Blätter wie Agenda, Begrüßung etc. schreiben Sie am besten erst jetzt vor Ort. So können Sie gleich testen, wie groß Sie schreiben müssen.

Die Agenda enthält die Programm- oder die Themenpunkte mit (ungefähren) Zeitangaben, die (genauen) Zeitpunkte von Anfang und Ende sowie – bei längeren Veranstaltungen – die (vorgesehenen) Pausen. Die Agenda sollte nicht länger als eine Seite sein (län-

Agenda

125

gere Agenden wirken abschreckend) und daher nur die Oberpunkte des Themas nennen.

Flipchart

Bewegliche Flipcharts können in der Höhe verstellt werden – stellen Sie sie so ein, dass Sie die Blätter bequem beschriften können. Für das untere Drittel werden Sie leicht in die Hocke gehen müssen (oder Sie lassen diesen Teil frei). Prüfen Sie, ob genügend Papier vorhanden ist (häufig Präsentierende haben immer eine Extra-Rolle im Gepäck). Wenn Sie vorbereitete Blätter nutzen: Gibt es Stellwände, an denen Sie die Blätter aufhängen können? Lässt sich die Wand für diesen Zweck benutzen? Haben Sie an Klebeband gedacht? Am besten eignet sich Kreppband, das sich rückstandsfrei von jeder Unterlage (auch von tapezierten Wänden) abziehen lässt. Auf Tafeln können Unterlagen häufig auch mit Magneten befestigt werden. Um guten Blickkontakt zum Publikum zu halten, stellt man das Flipchart etwa im 30-Grad-Winkel zu sich auf. So wendet man auch während des Schreibens dem Publikum nicht den Rücken zu. Allerdings müssen Sie darauf achten, dass die Vorderseite des Flipcharts auch von den seitlichen Plätzen gut sichtbar ist.

Präsentations-technik

Während der Präsentation sollten Sie nicht länger als ein paar Sekunden schreiben und sich dann wieder zum Publikum wenden. Für komplexe Darstellungen sollten Sie daher vorbereitete Bögen nutzen. Eine zweite Person als Schreibkraft einzusetzen, empfiehlt sich nur für moderationsähnliche Situationen. Bei Präsentationen wirkt der Einsatz eines Assistenten antiquiert und lässt den Präsentierenden wenig souverän erscheinen.

Tafel/ Whiteboard

Wie bereits gesagt (*siehe Kapitel 2.5*), eignen sich diese Medien für Präsentationen nur sehr eingeschränkt. Wenn Sie sie mangels anderer Medien dennoch nutzen müssen, testen Sie vorab die nötige Schriftgröße und entwerfen Sie ein übersichtliches Tafelbild (zwei DIN-A-4-Seiten nebeneinander gelegt entsprechen in etwa einer Tafelfläche). Bei Whiteboards ersparen Sie sich Stress, wenn Sie ausschließlich die speziellen Stifte (Whiteboardmarker) bei der Tafel platzieren. Dann lässt sich das Geschriebene mit einem trockenen Tuch abwischen. Normale Flipchart-Stifte sind u. U. nicht zu entfernen und können die teuren Tafeln ruinieren.

Overhead-Projektor

Overhead-Projektoren sind auf Funktionsfähigkeit, Helligkeit und Bildschärfe zu prüfen. Da die Geräte meist auf kleinen Rolltischen stehen, können Sie die beste Position zur Projektionswand (Wand oder Leinwand) selbst bestimmen. Testen Sie vorab, wo Sie am besten stehen, damit Sie dem Publikum nicht den Blick auf die Projektionswand verstellen. Wenn Sie viele Textfolien präsentieren, stehen Sie besser links vom Projektor. Damit liegen die Textpunkte direkt neben Ihnen und Sie bewegen Ihre Hand mit dem Zeigestift nicht über die gesamte Folie. Für die Folien benötigen Sie eine Ablagefläche – je nachdem, wo Sie während des Präsentierens stehen wollen, kann sich diese links oder rechts vom Projektor befinden. Schaffen Sie genügend Raum für zwei Folienstapel, damit Sie die präsentierten Folien leicht und geordnet beiseite legen können.

Das haben Sie sicher schon einmal erlebt: Ein Präsentierender legt eine Folie auf und beginnt zu sprechen, den Blick zum Publikum gerichtet. Der Blickkontakt ist zwar vorbildlich, aber leider kann er so nicht bemerken, dass die Folie zu tief oder zu hoch oder schief liegt und dass wichtige Teile (z. B. die Hauptaussage) nicht sichtbar sind. Sie können diesen Lapsus verhindern, wenn Sie vorher die optimale Folienlage ausprobieren und fixieren, beispielsweise mit Klebeband markieren. So können Sie während der Präsentation die Folien passgenau auflegen, ohne dass ein Blick auf die Leinwand nötig ist.

Folien richtig auflegen

Achten Sie auch darauf, wie lange das Gerät benötigt, um seine volle Helligkeit zu erzielen. Bei bestimmten Punkten – am Anfang und am Ende Ihrer Präsentation sowie bei Diskussionen während der Präsentation – sollten Sie den Projektor ausschalten, damit Sie allein die Aufmerksamkeit auf sich ziehen. Das geht aber nur, wenn das Gerät im Anschluss an die Pause schnell wieder einsetzbar ist.

Allein im Rampenlicht

Grundsätzlich sollten Ihre Folien so gestaltet sein, dass sie übersichtlich und selbsterklärend sind. Dennoch kann es manchmal angebracht sein, Details hervorzuheben – entweder durch Zeigen oder durch Markieren. Zum Zeigen an der Folie verwendet man einen Stift oder kleinen Zeigestab (nicht die Hand). Wenn Sie Details markieren möchten, verwenden Sie am besten Folienschreiber mit dünner Spitze. Zum Zeigen an der Wand hingegen kann außer einem Zeigestab oder einem Laserpointer auch die Hand eingesetzt werden, das wirkt sogar dynamischer und weniger lehrerhaft.

Zeigen

Diese Variante erfordert den höchsten Vorbereitungsgrad. Nehmen Sie sich ausreichend Zeit vor der Präsentation, um zu prüfen, ob Beamer und Computer (bzw. Ihr Laptop) funktionieren und miteinander harmonieren.

Beamer-präsentation

Computer

Bei fest installierten Anlagen (Computer/Beamer) lassen Sie sich am besten vom Haustechniker in die Handhabung einweisen. Bringen Sie Ihre elektronischen Präsentationsunterlagen auf einer CD-ROM und/oder einem USB-Stick mit.

Laptop vorbereiten

Um vor Ort Zeit zu sparen, sollten Sie Ihren Laptop schon zu Hause (oder im Büro) auf ‚seinen' Auftritt vorbereiten. Entfernen Sie allzu private oder emotionale Bilder vom Desktop und wählen Sie die neutrale Variante ohne Hintergrundbild oder eine unverfängliche Landschaftsaufnahme als Bildschirmmotiv. Deaktivieren Sie den Bildschirmschoner; wenn das nicht möglich ist, stellen Sie die Wartezeit auf mindestens eine Stunde ein. Legen Sie Ihre Präsentationsdatei (sowie alle verlinkten oder sonst benötigten Dateien) in einem Ordner auf dem Desktop ab. So ersparen Sie sich langwieriges Suchen zu Beginn der Präsentation und gewähren dem Publikum keine Einblicke in (möglicherweise vertrauliche oder private) Dateien und Ordner. Alternativ können Sie eine Verknüpfung (Shortcut) anlegen, der direkt zum benötigten Ordner führt.

Vor Ort installieren

Bei der Installation vor Ort verbinden Sie Laptop und Beamer mit einem Verbindungskabel (gehört zum Beamer und ist daher vor Ort). Welches Gerät zuerst eingeschaltet wird, spielt keine Rolle – in beiden Fällen kann es nämlich zunächst zu Erkennungsproblemen kommen. Falls das Bild auf Ihrem Laptop zu sehen ist, aber die Leinwand schwarz (oder blau) bleibt, drücken Sie gleichzeitig die Tasten Fn und diejenige Funktionstaste (z. B. F 5), bei der zwei kleine Symbole für Computer und einen weiteren Bildschirm zu erkennen sind. Es erscheinen mehrere Optionen – drücken Sie die Tastenkombination so lange, bis Sie die Option ‚zwei Bildschirme' ausgewählt haben. Jetzt sollte das Bild sowohl auf dem Laptop wie auf der Leinwand erscheinen. Falls nicht, überprüfen Sie die Verbindungskabel oder starten Sie Ihren Laptop neu (möglicherweise hat der Laptop den Beamer noch nicht als externes Gerät registriert). Bei anhaltenden Problemen müssen Sie die Einstellungen Ihres Laptops überprüfen und ändern (Systemsteuerung/Anzeige, z. B. Bildauflösung an Beamer anpassen).

Präsentationstechnik

Testen Sie vorab, wo Sie am besten stehen, damit Sie dem Publikum nicht den Blick auf die Projektionswand verstellen. Für den Folienwechsel haben Sie die Wahl – entweder Sie bleiben beim Laptop (Seitenwechsel ist im Präsentationsmodus von Powerpoint mit jeder Taste möglich) oder Sie wählen eine Funkmaus. Damit können Sie von jeder Stelle im Raum das Signal zum Wechsel geben.

Wenn Sie allein, d. h. ohne Folien, im Rampenlicht stehen wollen, also beispielsweise zu Beginn der Präsentation oder bei Diskussionen während der Präsentation, schalten Sie den Beamer auf keinen Fall aus. Sie können das Laptop- und damit das Leinwandbild ausblenden, indem Sie bei Powerpoint im Präsentationsmodus die Taste ‚B' drücken. Wenn Sie fortfahren wollen, drücken Sie die gleiche Taste und das Bild wird wieder sichtbar.

Allein im Rampenlicht

Was tun, wenn Beamer oder Laptop mitten in der Präsentation ausfallen? Falls Sie das Problem nicht umgehend beheben können, geben Sie dem Publikum eine kleine Pause von zehn Minuten. Wenn in dieser Zeit das Problem nicht behoben werden kann, ist es Zeit für den Notfallplan: Entweder Sie haben Reservefolien in der Tasche und präsentieren mit Overhead-Projektor weiter oder aber Sie halten den Rest der Präsentation frei (und nutzen allenfalls Ihren Ausdruck als ‚Spickzettel'). Eventuell visualisieren Sie wichtige Punkte auf einem Flipchart. Sie werden sehen: Das Publikum wird Ihnen solche Pannen nicht übel nehmen, wenn Sie sie auf diese Art meistern.

Notfallplan

3   Die Präsentation erfolgreich halten

Alles Wesentliche zum Inhalt der Präsentation ist bereits gesagt, in diesem Abschnitt geht es um generelle Hinweise für den Auftritt vor Publikum. Sie sind dann am überzeugendsten, wenn Ihr Verhalten nicht nur zur Situation, sondern auch zu Ihrem Wesen passt. Eine eher zurückhaltende Person braucht sich keinen Entertainer zum Vorbild zu nehmen; ein eher extrovertierter Zeitgenosse muss seine lebhafte Gestik nicht mit Gewalt unterdrücken. Empfehlungen zur Körpersprache und Sprechtechnik sollten Sie daher als Angebote betrachten und nicht als strikte Vorgaben. Die folgenden Hinweise sind daher als Anhaltspunkte gedacht, die Sie Ihrem persönlichen Stil entsprechend modifizieren können.

Körpersprache

Mit Ihrer Präsentation werden Sie eine Meinung vertreten, einen Standpunkt einnehmen. Diesen ‚Standpunkt' können Sie ganz wörtlich nehmen: als Punkt im Raum, an dem Sie während der Präsentation stehen werden. Bereits bei der Vorbereitung der Medien haben Sie getestet, wo Sie am besten stehen, ohne dem Publikum die Sicht zu versperren. Achten Sie aber auch darauf, dass an diesem Punkt auch Sie für alle Anwesenden gut sichtbar sind und ‚im

Standpunkt

besten Licht' erscheinen. Der Punkt sollte also nicht zu weit vom Publikum entfernt und nicht im Schatten liegen. Hier sollten Sie zu Beginn und Ende der Präsentation stehen und immer dann, wenn Sie eine zentrale Aussage treffen. So verdeutlichen Sie Ihren ‚Standpunkt' auch optisch. Dazwischen können Sie sich selbstverständlich zur Projektionsfläche oder zum Publikum bewegen.

Haltung

Insbesondere für den Anfang einer Präsentation gilt: aufrecht stehen. Eine aufrechte und natürliche Haltung erreichen Sie, wenn sich Ihre Füße in ungefähr schulterbreitem Abstand voneinander befinden. Stehen Sie auf beiden Füßen (nicht wippen, nicht ein Fuß vor dem anderen) und stellen Sie sich vor, an Ihrem Kopf sei ein Faden befestigt, der Sie sanft nach oben zieht. Ihre Arme hängen seitlich frei herunter oder Sie legen die Hände locker ineinander (oberhalb der Gürtellinie).

Mimik und Blickkontakt

Blickkontakt ist das A und O einer überzeugenden Körpersprache. Mit ihm bauen Sie eine emotionale Brücke zum Publikum und demonstrieren Sicherheit und Kompetenz. Nicht zu vergessen: Nur wenn Sie hinsehen, können Sie die Reaktionen Ihrer Zuhörer rechtzeitig wahrnehmen und berücksichtigen. Freundlich und verbindlich das Publikum anzuschauen, ist daher immer richtig. Ob Sie möglicherweise störende Eigenarten entwickeln, können Sie durch eine Videoaufnahme feststellen: Blicken Sie zu häufig auf die Folien oder Ihre Unterlagen oder an die Wand? Streift Ihr Blick das Publikum nur flüchtig? Richtet sich Ihr Blick nur auf einen oder wenige Teilnehmer? Wenn Sie das ganze Publikum im Blick behalten möchten, dann schauen Sie nicht die Person(en) in der ersten Reihe an, sondern jene in den hinteren Reihen – so berührt Ihr Blick auch die vorderen Reihen. Achten Sie darauf, im Wechsel sowohl die linke und rechte Hälfte anzuschauen (allerdings nicht nach zu starrem Takt, das würde ebenfalls merkwürdig auffallen).

3-A-Technik

Welches Medium Sie auch einsetzen, es gibt einen einfachen Trick, wie Sie den Blickkontakt zum Publikum halten können, während Sie sprechen:

▶ Anschauen: Suchen Sie schweigend den Punkt auf der Folie oder der Projektionsfläche, auf den Sie zeigen wollen, und deuten Sie auf ihn.

▶ Aufschauen: Lassen Sie Ihre Hand (oder Ihr Zeigegerät) auf dem Punkt und drehen Sie sich zum Publikum – immer noch schweigend.

▶ Ansprechen: Jetzt erst beginnen Sie zu sprechen.

Die Pause, die Sie dabei einlegen, mag Ihnen zunächst lang erscheinen. Sie ist jedoch so kurz, dass sie vom Publikum entweder nicht wahrgenommen wird oder – falls sie doch einmal etwas länger ausfällt – dankbar aufgenommen wird. Diese Technik erfordert einige Male bewusstes Üben, bevor sie automatisch abläuft.

Gesten sind Bewegungen von Händen und Armen; sie begleiten, unterstützen oder ersetzen sprachliche Äußerungen. Gesten wirken am überzeugendsten, wenn sie im Einklang mit dem Gesagten, mit dem Gesichtsausdruck und der Sprechmelodie stehen.

Gestik

Besonders am Anfang einer Präsentation ist die Frage ‚Wohin mit den Händen?‘ nicht leicht zu beantworten. Einfacher ist es zu sagen, wo die Hände sich nicht befinden sollten: in der Hosentasche, hinter dem Rücken, vor der Brust verschränkt, gegen die Hüfte gestemmt. Diese Varianten werden als Zeichen mangelnden Respekts (Hosentasche), unangebrachter Zurückhaltung oder Hinter-dem-Berg-Halten (Rücken), von Abweisung (verschränkt) oder Aggression (Hüfte) wahrgenommen. Zwar ließe sich einiges gegen solch eine starre Zuschreibung von Bedeutung einwenden, vor allem, dass Gesten ihre Bedeutung immer nur im Kontext gewinnen. Verschränkte Arme beispielsweise können in anderen Situationen völlig andere Bedeutungen signalisieren (abwarten, sich aus der handelnden Position zurückziehen). Doch haben sich die hier aufgeführten Bedeutungen praktisch in vielen Köpfen festgesetzt und eignen sich daher nicht für eine herausgehobene Situation wie den Beginn einer Präsentation. So bleibt nur, wie bereits oben gesagt, die Arme seitlich frei herunter hängen zu lassen oder die Hände (oberhalb der Gürtellinie) locker ineinander zu legen. Beide Positionen sind gleichsam Ruhepositionen, zeigen aber auch an, dass der Stehende jederzeit in Aktion treten kann. Damit entsprechen sie der Startposition einer Präsentation am besten. Während der Präsentation gilt die Empfehlung: Lassen Sie Ihre Gesten zu und zwingen Sie sich nicht zu vorgegebenen Gesten. Bei Videofeedback können Sie die Wirkung der Gesten überprüfen und gegebenenfalls schrittweise modifizieren.

Wohin mit den Händen?

Eine vordergründig einfache Lösung für das Problem liegt darin, etwas in die Hand zu nehmen – einen Stift, einen Zeigestab, die Funkmaus. Damit ist die Hand beschäftigt und manche Haltungen wirken so natürlicher (beispielsweise die Hand etwas erhöht in der Luft zu halten). Gegenstände in die Hand zu nehmen, wird manchmal auch als Mittel empfohlen, um Nervosität ‚abzuleiten‘. Der

‚Etwas in der Hand‘

Nachteil: Leicht lässt man sich verleiten, mit den Gegenständen zu spielen. Solche unbewussten Aktionen bemerkt man selbst nicht. Bevor also das Klicken der Kugelschreiberkappe Ihren Vortrag übertönt oder das Publikum Wetten darüber abschließt, wann Sie Ihren Stift fallen lassen, sollten Sie eine Präsentation ohne Gegenstand in der Hand ausprobieren. Ihre Gesten werden sich freier entwickeln können und Sie werden schneller zu den Ihnen entsprechenden Gesten finden.

Funkmaus

Die Ausnahme bildet die Funkmaus (der Presenter), der eine notwendige Funktion erfüllt. Wählen Sie ein möglichst ‚handliches‘ und einfach zu bedienendes Modell und üben Sie den perfekten Einsatz einige Male vor Ihrer ersten Präsentation.

Folien inszenieren

Beim Präsentieren mit Overhead-Projektor entsteht durch den Wechsel der Folien zwangsläufig eine kleine Pause. Beamerpräsentationen hingegen verführen mitunter zum ‚Daumenkino‘: Der Präsentierende klickt schnell durch die zahlreichen Folien, das Publikum ist überfordert und schaltet nach einer Weile ab. Inszenieren Sie Ihre Folien zuhörergerecht. Kündigen Sie Computerfolien ebenso wie Overhead-Folien an, lassen Sie die neue Folie kurz wirken und geben Sie dann die Erklärung:

▸ Neue Folie ankündigen: ‚Auf dem nächsten Bild sehen Sie …‘ oder ‚Was das genau bedeutet, zeigt die nächste Folie …‘
▸ Neue Folie einblenden und wirken lassen
▸ Folie erklären und Fragen beantworten
▸ Nächste Folie ankündigen

Das setzt natürlich voraus, dass die Vorbereitung perfekt war und die Folien wie eine Diashow vor Ihrem inneren Auge ablaufen können.

Zeigen

Nur bei Overhead-Projektoren gibt es noch die Möglichkeit, etwas auf der Folie zu zeigen. Zum Deuten benutzt man einen Stift (und nicht den Zeigefinger), mit dem man ruhig an die betreffende Stelle zeigt und ihn anschließend wieder weglegt. Etwas an der Projektionsfläche zu zeigen, ist mit Laserpointer oder Zeigestab möglich. Da der Zeigestab ungewollte Assoziation an die Schule hervorrufen kann, werden Sie mit dem Laserpointer meist besser bedient sein. Aktiver wirkt es jedoch, wenn Sie mit der Hand auf das Gemeinte an der Projektionsfläche deuten. Die Leinwand wird beim Zeigen nicht – oder nur leicht – berührt. Ähnlich ist die Zeigetechnik beim

Flipchart. Solche Hervorhebungen eignen sich, um besondere Akzente zu setzen. Nur wenn sie laufend erforderlich sind, um das Publikum durch überladene Folien zu schleusen, hat diese Art des Zeigens ihren Sinn verfehlt.

Sprechen Sie laut, deutlich und mit abwechslungsreicher Satzmelodie. Vor allem: Machen Sie Pausen an den richtigen Stellen. Häufig sprechen Vortragende zu schnell, gleichsam ‚ohne Punkt und Komma'. Pausen erfüllen eine wichtige Funktion: Sie markieren das Ende eines Gedankenschritts und erleichtern es den Zuhörern, die Informationen aufzunehmen und einzusortieren. Pausen können auf besonders wichtige Stellen aufmerksam machen, ja sogar Spannung erzeugen (‚Kunstpause'). Pausen geben aber auch dem Präsentierenden die Gelegenheit, sich auf den nächsten Gedankenschritt vorzubereiten und seine (Atem-)Ressourcen zu schonen.

Sprechtechnik

Manche Redner sind bekannt für ihre mit Pausenlauten wie ‚äh', ‚ähm', ‚hm' und Füllwörtern wie ‚sozusagen' oder ‚wie schon erwähnt' gespickten Ansprachen. Solche Pausenlaute und Füllwörter ‚füllen' etwas – nämlich Pausen, in denen der Sprecher noch nicht weiß, was er als nächstes sagen will, aber das Rederecht behalten möchte. In einer Präsentation verwässern solche inhaltsleeren Füllwörter allerdings das Gesagte und schwächen den Eindruck des Redners. Wenn Sie feststellen wollen, ob Sie dazu neigen, bestimmte Füllwörter zu benutzen, können Sie das durch Videofeedback registrieren oder einen Bekannten oder Freund damit beauftragen, in Ihrer nächsten Präsentation darauf zu achten. Abtrainieren können Sie sich den übermäßigen Gebrauch von Füllwörtern, indem Sie wichtige Redeteile vorher schriftlich ausformulieren und genau so vortragen. Noch besser: Sie wählen ein langsameres Sprechtempo, dann brauchen Sie ebenfalls weniger (oder keine) Füllwörter zur Füllung von Redepausen.

Floskeln und Füllwörter

Nach dem Gebot der Verständlichkeit sollte Dialekt in Präsentationen vermieden werden, dialektal gefärbte Aussprache hingegen ist in der Regel kein Problem.

Dialekt

Der Schluss fasst die Hauptaussagen und wichtigsten Ergebnisse der Präsentation zusammen. Der Schlusssatz einer Präsentation hinterlässt den entscheidenden letzten Eindruck. Fragen Sie sich: Welchen Satz soll das Publikum nach Möglichkeit im Gedächtnis behalten? Mit diesem (Merk-)Satz sollten Sie Ihre Präsentation schließen.

Schlussformel

‚Danke'

Häufig hört man als letzte Worte einer Präsentation ein ‚Danke für Ihre Aufmerksamkeit'. Dieser Satz hinterlässt einen zwiespältigen Eindruck. Einerseits setzt er ein unverkennbares Schlusssignal; auch mag er einem natürlichen Impuls entspringen, sich zu bedanken. Doch will der Redner tatsächlich den Eindruck erwecken, das Publikum habe ihm wertvolle Zeit geopfert? Eindrucksvoller schließen Sie Ihre Präsentation, wenn Sie den ‚Merksatz', den das Publikum mitnehmen soll, mit einer freundlichen Wendung verbinden: „Ich bin überzeugt, dass die neue Software die Abläufe in Ihrer Abteilung beträchtlich vereinfachen wird. Die Zeit, die Sie dadurch gewinnen, wird nicht nur Ihrem Geschäft zugute kommen, sondern auch Ihnen und Ihren Angehörigen". Oder Sie schließen Ihre Präsentation mit der Aufforderung: „Ich freue mich auf Ihre Fragen/ die Diskussion."

Pannen

Was zu tun ist, wenn der Beamer oder der Overhead-Projektor ausfällt, wurde oben (*siehe Kapitel 7.2*) schon gesagt. Prinzipiell gilt für Pannen: Der Präsentierende repariert sie schweigend und fährt mit seiner Präsentation fort, als sei nichts geschehen. Er wärmt sie auch nicht auf und entschuldigt sich nicht. Das widerstrebt auf den ersten Blick dem natürlichen Empfinden, doch das Publikum ist vor allem an einem interessiert: an einem reibungslosen Ablauf. Jedes Wiederaufnehmen der Panne würde den Gang der Präsentation weiter aufhalten und beim Publikum bestenfalls Mitleid hervorrufen – und das kann man als Präsentierender schlecht gebrauchen.

Versprecher

Das Gleiche gilt für Versprecher: Über unbemerkte und nicht sinnentstellende Versprecher geht man stillschweigend hinweg und spricht einfach weiter. Falls man korrigieren muss, heißt es ebenfalls, der Versuchung zur Entschuldigung zu widerstehen. Eine Ausnahme: Der Versprecher ist so komisch, dass er Publikum und Präsentierenden zum Lachen bringt. Mit dieser Reaktion ist die Panne aber auch schon überwunden.

**Gruppen-
präsentationen**

In Seminaren und in Projekten gibt es die Form der Gruppenpräsentation: Mehrere Personen tragen ein gemeinsam erarbeitetes Thema gemeinsam vor, d. h. sie wechseln sich beim Vortrag ab. Der erste Redner sollte am Anfang die übrigen Vortragenden und sich selbst vorstellen. Die Rednerwechsel sollten an motivierten Stellen geschehen (z. B. neuer Abschnitt) und vom Vorredner überbrückt werden („Was dies im Einzelnen bedeutet, stellt Ihnen nun Herr/ Frau… vor"). Gruppenpräsentationen müssen im Vorfeld geprobt werden, damit die Rednerwechsel problemlos vonstatten gehen.

Welche persönlichen Vorlieben Sie entwickeln und ob sich manche dieser Eigenarten zum ‚Tick' entwickeln könnten, sollten Sie am besten durch eine Videoaufnahme feststellen (lassen). Wenn erforderlich, können Sie sich dann solche Eigenheiten schrittweise abtrainieren.

Videofeedback

Hilfreich kann auch ein Blick in die so genannte Praktikerliteratur sein. Praktische Hinweise speziell zu Präsentationen finden sich in allen Praxisbüchern zum Thema ‚Präsentation' (mit Fotos bei HIERHOLD 2005: 328ff).

Praktiker-literatur

Ein Praktiker der Körpersprache im wörtlichen Sinn ist der Pantomime SAMY MOLCHO. Er stellt Körpersprache als die erste Sprache im Leben dar, über die schon Neugeborene verfügen, die aber im Lauf des Lebens zu einer Fremdsprache wird. In seinem Buch Körpersprache gibt er zahlreiche Anregungen, wie man Zeichen und Signale der Körpersprache aufmerksam wahrnehmen kann, ohne den Gesten und Haltungen starre Bedeutungen zuzuordnen.

Samy Molcho

Ganz natürliche Erklärungen für die geheime Sprache unserer Körper versprechen ALLAN und BARBARA PAESE in Die kalte Schulter und der warme Händedruck. Das Buch beschreibt ein breites Spektrum von Gesten und Haltungen, ordnet diesen allerdings häufig feststehende Bedeutungen zu (zum Beispiel ‚verschränkte Arme' als Zeichen für Abwehr, PAESE 2004: 91f und 203).

A. und B. Paese

In der Praktikerliteratur findet sich häufig die Aussage, in Kommunikationssituationen von Angesicht zu Angesicht würden 55 Prozent der Wirkung durch Körpersprache erzielt, 38 Prozent durch die Stimme und nur 7 Prozent durch den Inhalt des Gesagten (u. a. auch bei HIERHOLD: 2005: 330). In dieser Verallgemeinerung ist die Aussage nicht haltbar. Die Prozentwerte gehen auf eine Studie des amerikanischen Psychologen ALBERT MEHRABIAN zurück, der 1967 eine spezielle Kommunikationssituation simulierte: Er ließ seinen Testpersonen Wörter vorlesen, die entweder positiv oder negativ konnotiert waren. Im ersten Durchgang widersprach die Stimmlage jeweils der Wortbedeutung. Die Testpersonen sollten angeben, wie das Wort bei ihnen ankam, positiv oder negativ. Im zweiten Durchgang wurden die Worte mit Fotos von Menschen unterlegt, deren Gesichtsausdruck nicht zum Gefühlswert der Worte passte. Das Ergebnis: Wurden positive Worte mit ablehnender stimmlicher Betonung ausgesprochen oder mit Fotos von ablehnender Mimik kombiniert, fassten die Zuhörer sie überwiegend als negative

Albert Mehrabian

Botschaften auf – und umgekehrt. Die ermittelte Relation von 7–38–55 (Prozent) bezieht sich auf das relative Gewicht von verbalen und nonverbalen Elementen in genau dieser Versuchsanordnung und kann nicht für jede Kommunikationssituation verallgemeinert werden (MEHRABIAN 1981).

Blick der Wissenschaft

Videoaufnahmen ermöglichen es mittlerweile auch der Wissenschaft, Präsentationssituationen zu analysieren. Damit rückt erstmals das Zusammenspiel von Folien, verbaler und nonverbaler Kommunikation in den Blick der Forschung.

Powerpoint-Performanz

Im Rahmen des bereits erwähnten Projekts der TU Berlin zur Performanz computergestützter Präsentationen (*siehe Kapitel 1.1*) beschäftigt sich der Beitrag von HUBERT KNOBLAUCH („Zeigen, Körperformation und die Präsentation des Wissens") mit den verschiedenen Formen des Zeigens, wie sie in computergestützten Präsentationen zu beobachten sind. Er weist darauf hin, dass Zeigen zum einen mit dem gesamten Körper vollführt wird, zum anderen aber auch verbale Zeigegesten ohne jeglichen Körpereinsatz vorkommen („Zeigen zweiter Ordnung"). Als Akteure sind neben dem Vorführenden auch Publikum und Leinwand in die Körperformation eingebunden (Tagungsbericht unter KNOBLAUCH 2006).

Multimodalität

Das Zusammenspiel von sprachlichem Ausdruck, Satzmelodie, Blickverhalten, Mimik, Gestik sowie Haltung, Konstellation und Bewegung der Körper („multimodale Kommunikation") untersucht eine Arbeitsgruppe, die sich 2003 am Institut für Deutsche Sprache etabliert hat (SCHMITT 2004). Ihr Ziel ist es, den nonverbalen Elementen der Kommunikation den gleichen theoretischen und methodischen Stellenwert zu geben wie der Analyse des verbalen Ausdrucks. Der Untersuchungsbereich wurde inzwischen auf Formen der multimodalen Interaktion erweitert (SCHMITT 2007). Auch wenn Präsentationen nicht explizit im Mittelpunkt der Forschung stehen, ist von diesem Ansatz ein präziser und differenzierter Blick auf authentische Kommunikationssituationen zu erwarten. So analysieren ARNULF DEPPERMANN, LORENZA MONDADA und REINHOLD SCHMITT eine Pausensituation während eines Workshops und zeigen auf, wie die Beteiligten verbale und nonverbale Kommunikation einsetzen, um die Pause zu beenden und zur nächsten Präsentation überzugehen (DEPPERMANN 2007).

4   Mit Feedback umgehen

Präsentationen sind interaktive Redesituationen. Das Publikum kann den Redner jederzeit unterbrechen – sei es, indem es Verständnisfragen oder auch kritische Fragen stellt, sei es, indem es den Redner mit Anforderungen konfrontiert. Wie Sie mit diesem Feedback umgehen, bestimmt mit über den Erfolg Ihrer Präsentation.

Interaktive Redesituationen

Zunächst einmal bedeutet dies, dass Präsentierende auf die Reaktionen der Zuhörer achten sollten, um zu erfahren: Ist das Publikum interessiert? Gibt es Signale, die auf Widerspruch deuten? Lässt die Aufmerksamkeit nach, breitet sich Langeweile oder Müdigkeit aus? Beim Reden gleichzeitig die Zuhörer zu beobachten ist einfacher gesagt als getan. Anfangs mag Sie die Nervosität beim Präsentieren so in Anspruch nehmen, dass Ihre Kapazität, weitere Informationen aufzunehmen, beschränkt ist. Langsames Sprechen mit Pausen an den richtigen Stellen hilft Ihnen, Sicherheit zu gewinnen und sich allmählich für Eindrücke aus dem Publikum zu öffnen.

Signale wahrnehmen

Grundsätzlich sind Fragen ein Zeichen von Interesse. Sie geben Ihnen wichtige Anhaltspunkte, wie das Publikum die Präsentation aufnimmt. Es gilt nur herauszufinden, worin das Interesse besteht und wie Sie am besten darauf reagieren. Zunächst sollten Sie sich Zeit nehmen, die Frage zu verstehen (das mag trivial klingen, doch ist es erfahrungsgemäß gar nicht so einfach, vom Sprechen auf Zuhören und Verstehen umzuschalten). Wiederholen Sie die Frage ruhig, wenn sie nicht klar ist („Habe ich Sie richtig verstanden, dass …"). Nehmen Sie sich Zeit, die Antwort zu überlegen. Kurze (Denk-)Pausen sind kein Zeichen von mangelnder Kompetenz, sondern geben Ihnen die Möglichkeit, zu überlegen, ob Sie die Frage sofort beantworten, noch einmal nachfragen oder die Frage verschieben wollen („Diese Frage bringt einen ganz neuen Aspekt ins Spiel. Wir sollten Sie daher im Anschluss an die Präsentation ausführlich diskutieren.").

Fragen beantworten

Sie verkürzen Ihre Reaktionszeit, wenn Sie während der Vorbereitung der Präsentation mögliche Fragen der Teilnehmer antizipieren. Der erwähnte Kurztest (*siehe Kapitel 2.2*) besteht ja genau darin, die wahrscheinlichsten Fragen herauszufinden: „Welche Frage stellen mir die Teilnehmer der Präsentation vermutlich als erstes? Und was ist die schlimmstmögliche Frage, die sie mir stellen könnten?"

Fragen antizipieren

Die Ergebnisse dieser Überlegungen fließen nicht nur in die Haupt-aussage und in die Struktur der Präsentation ein, sondern bereiten Sie auch auf kritische Fragen und Einwände vor. Schließlich liefern Ihnen auch die Fragen des Testpublikums (*siehe Kapitel 6*) wertvolle Hinweise. Bei Präsentationen im beruflichen Kontext können Sie davon ausgehen, dass die Empfänger in erster Linie eine Frage im Kopf haben: „Was bedeutet das Gesagte für mich?"

Sachfragen

Verständnisfragen zielen auf die Sache. Sie sollten jederzeit während der Präsentation zugelassen werden und kurz und präzise beantwortet werden. Fragen zur Sache können aber auch weiterführende Aspekte ins Spiel bringen, das Gesagte anzweifeln oder gegensätzliche Positionen etablieren. Ob man solche weiterführenden Fragen schon während der Präsentation zulässt oder die Stellungnahme mit dem Hinweis auf die anschließende Diskussionsrunde verschiebt, hängt von der Situation ab. Häufig lassen sich bei Präsentationen im beruflichen Kontext Präsentation und Diskussion nicht streng trennen.

Verdeckte Seiten

Häufig ist die Frage zur Sache nur die obere Spitze des Eisbergs. Gemäß dem Vier-Seiten-Modell einer Nachricht gilt: Auch Fragen haben vier Seiten (*siehe Kapitel 1.3*). Sie dienen beispielsweise dazu, die Kompetenz des Fragenden herauszustreichen (Selbstkundgabe); sie geben einen Beziehungshinweis, indem sie die Position des Präsentierenden unterstützen oder angreifen; und sie stellen einen Appell dar, indem sie den Präsentierenden zu einer Stellungnahme auffordern. Nicht immer ist leicht zu erkennen, welcher Aspekt im Vordergrund steht. In jedem Fall ist es empfehlenswert, die Frage zunächst auf der sachlichen Ebene aufzunehmen und zu beantworten.

Einwänden begegnen

Viele Präsentierende kennen die berühmten „Ja, aber"-Sätze: „Ja, aber das funktioniert doch nie." „Ja, aber das haben wir doch alles schon ausprobiert." Hier helfen offene Fragen, also Fragen, die mit den W-Fragewörtern beginnen (wer, wie, was, wo, wann, warum, wozu). Mit offenen Fragen biegen Sie den Einwand gleichsam um und erhalten gleichzeitig möglicherweise wertvolle Informationen: „Warum funktioniert es nicht?" Oder noch besser: „Was müsste getan werden, damit es funktioniert?"

Angriffe entschärfen

Auch als Fragen verkleidete Angriffe kann man entschärfen, indem man auf den Sachaspekt reagiert und diesen in Form einer offenen Frage zurückspielt. Ein Beispiel: „Glauben Sie wirklich, dass Ihr überteuertes Angebot unser Problem löst?" – „Was genau meinen Sie mit ‚überteuert'?"

Manche Teilnehmer sind aktiver, als es dem Präsentierenden (und möglicherweise auch den übrigen Teilnehmern) lieb ist. Sie können versuchen, Vielredner zu stoppen, indem Sie deren Frage betont kurz beantworten, anschließend sofort den Blickkontakt unterbrechen und sich anderen Themen – oder Teilnehmern – zuwenden. Wenn die Unterbrechung des Blickkontakts nicht wie gewünscht funktioniert, können Sie anbieten, das Gespräch in der Pause fortzuführen.

Vielredner stoppen

Nur eines ist unangenehmer als ein kritisches Publikum: ein Publikum, das keinerlei Reaktionen zeigt. Kein Feedback ist das schlimmste Feedback.

Publikum aktivieren

Was können Sie tun, um ein allzu ruhiges Publikum zu aktivieren? Eine Möglichkeit besteht darin, Fragen zu stellen; allerdings ist das Risiko hoch, dass Sie keine Antwort erhalten. Sie minimieren dieses Risiko, wenn Sie eine rhetorische Frage stellen, eine Kunstpause machen und ins Publikum blicken. Falls eine Antwort kommt, haben Sie Ihr Ziel erreicht. Falls keine Antwort kommt, beantworten Sie die Frage selbst (und starten eventuell nach einer Weile einen zweiten Versuch).

Fragen

Wirksamer sind Fragen, wenn sie ähnlich wie bei Moderationen eingesetzt werden. Ein Beispiel: Sie halten eine Präsentation über die Vor- und Nachteile von Präsentationen mit Powerpoint und wissen nicht, wie Ihr Publikum zu diesem Thema steht. Diese Unsicherheit können Sie am Anfang Ihrer Präsentation produktiv nutzen. Nach der Einleitung können Sie beispielsweise fortfahren: „Um festzustellen, von welchem gemeinsamen Punkt wir ausgehen, bitte ich Sie, zwei Fragen zu beantworten: ‚Wie viele Präsentationen haben Sie in den letzten 12 Monaten gesehen? Wie würden Sie die Durchschnitts-Präsentation bewerten?' Bitte kleben Sie jeweils einen Punkt an die beiden Achsen." An einer Pinnwand haben Sie die beiden Fragen visualisiert. Die Teilnehmer gehen nach vorne, kleben ihren Punkt und kehren zu ihren Sitzen zurück. Mit einer solchen Frage erreichen Sie einen doppelten Aktivierungseffekt: Zum einen erhalten Sie eine wirkliche Antwort auf Ihre Frage, die Sie in Ihrer Präsentation aufgreifen und weiterführen können. Zum anderen werden die Teilnehmer allein schon durch die körperliche Bewegung aktiviert.

Moderationsstil

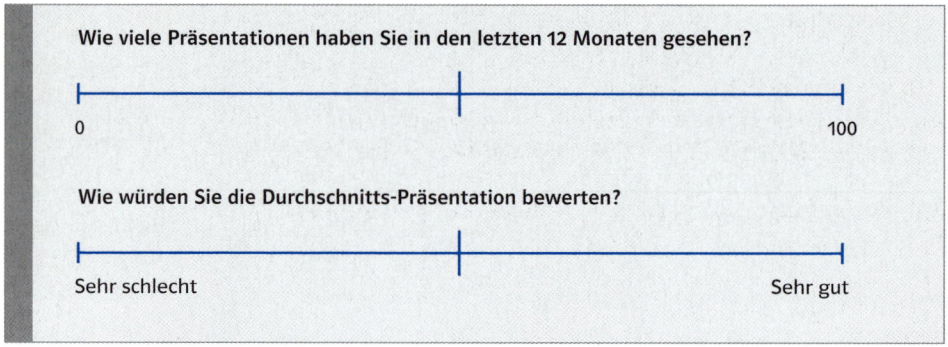

Abb. 7.1: Ein-Punkt-Abfrage zur Aktivierung des Publikums

Verkürzte Dauer

Sie sind bereit, mit der Präsentation zu beginnen, da erhalten Sie die Information, dass ein Teilnehmer die Sitzung aufgrund anderer Termine vorzeitig verlassen muss. Statt der ursprünglich eingeplanten 30 Minuten haben Sie nur 15 Minuten zur Verfügung, um die Hauptaussagen zu vermitteln. Diese Situation, die im Berufsleben häufiger eintreten kann, lässt sich leicht meistern, wenn Sie Ihre Präsentation nach den in *Kapitel 3* vorgestellten Prinzipien strukturiert aufgebaut haben. Dann nämlich steht die Hauptaussage am Anfang, die wichtigsten Aussagen bilden die nächste Ebene, und die Detailaussagen folgen jeweils sauber gegliedert den wichtigsten Aussagen. Bei verkürzter Präsentationszeit lassen Sie die Detailaussagen einfach aus und präsentieren zunächst den großen Überblick. Wenn gewünscht, können die Details während der verbleibenden Zeit oder in einer späteren Sitzung nachgeliefert werden. In jedem Fall erhält auch der Teilnehmer, der die Präsentation vorzeitig verlassen muss, das komplette Bild.

5 Die Präsentation gewinnbringend nachbereiten

Für das Publikum

Die Präsentation – und Diskussion – war erfolgreich. Möglicherweise haben die Anwesenden darum gebeten, die Unterlagen als Dokumente oder als PDF-Dateien zu erhalten. Mit einem ansprechenden Begleitbrief (oder Mail) können Sie sich noch einmal in Erinnerung bringen (bei Präsentationen vor externem Publikum) oder Wichtiges für die nächsten Arbeitsschritte festhalten (bei Präsentationen im Kollegenkreis).

Für sich selbst Ähnlich wie bei Fußballspielen gilt: Nach der Präsentation ist vor der Präsentation, Die nächste Gelegenheit, vor Publikum zu sprechen, kommt bestimmt. Daher lohnt es sich immer, die Präsentation für sich selbst nachzubereiten. So können Sie Ihre Präsentationskompetenzen kontinuierlich weiterentwickeln.

Nehmen Sie sich die Zeit, Ihre Präsentation Revue passieren zu lassen. Fragen Sie sich beispielsweise:

Revue

▶ Was hat gut funktioniert?
▶ War ich an einigen Stellen unsicher?
▶ Wann haben die Zuhörer positiv reagiert (Applaus, Lachen, Fragen)?
▶ Hatte ich an manchen Stellen das Gefühl, dass die Anwesenden der Präsentation nicht zugehört haben? Wenn ja, an welcher Stelle?
▶ Sind die Zuhörer in der Pause/am Ende auf mich zugekommen? Aus welchen Gründen?
▶ Habe ich mich bei den Fragen gut gehalten?

Geben Sie sich ruhig eine Note und halten Sie schriftlich fest, was Sie in der nächsten Präsentation anders machen oder ausprobieren wollen.

Wenn Sie die Möglichkeit haben, bitten Sie die Teilnehmer um Feedback. Sie können dazu einen Bewertungsbogen vorbereiten (maximal zwei Seiten), der Fragen enthält wie beispielsweise:

Feedback

▶ Was war Ihrer Ansicht nach das Ziel der Präsentation?
▶ Wie fanden Sie den Aufbau?
▶ Wie haben Ihnen die Beispiele gefallen?
▶ Wie klar und deutlich waren die Folien?
▶ Wie gut hat der Präsentierende erklärt?
▶ Wie sicher und kompetent erschien Ihnen der Präsentierende?
▶ Was könnte der Präsentierende besser machen?
▶ Wie zufrieden waren Sie mit den Präsentationsunterlagen (Handout)?
▶ Wie zufrieden waren Sie mit dem Raum, der Verpflegung etc.?
▶ Was könnte besser sein?

Geben Sie eine Bewertungsskala vor (von *1 = sehr gut* bis *6 = ungenügend*) und lassen Sie die Bögen anonym ausfüllen. Auch wenn nicht alle Teilnehmer einen Bogen ausfüllen, erhalten Sie doch

Evaluation

Anhaltspunkte zur weiteren Optimierung Ihrer Präsentationskompetenzen.

Selbstbild vs. Fremdbild

In Seminaren zum Thema ‚Präsentationstechnik' kann man ein immer wiederkehrendes Phänomen beobachten. Teilnehmer A hält seine Präsentation. Aufgefordert, seinen eigenen Eindruck von der soeben gehaltenen Präsentation wiederzugeben, nennt Teilnehmer A eine Reihe von verbesserungswürdigen Punkten. Im anschließenden Feedback der Teilnehmer stellt sich häufig heraus, dass viele der genannten Aspekte den Teilnehmern entweder gar nicht aufgefallen sind oder sie diese Punkte nicht als sonderlich störend einschätzen. Dafür sind dem Publikum Dinge aufgefallen, die der Präsentierende selbst nicht bemerkt hat.

‚Blinder Fleck'

Zwischen Selbsteinschätzung und Fremdwahrnehmung klafft häufig eine Lücke, der berühmte ‚blinde Fleck'. Seminare zur Präsentationstechnik, bei denen auch Videoaufnahmen gemacht werden, können dazu beitragen, diesen blinden Fleck zu erkennen und mögliche ‚Ticks' abzulegen.

Instanz für den Erfolg

Die Video-Aufzeichnung kann allerdings nur dabei helfen, das eigene Erscheinungsbild, die Sprache und die Körpersprache zu überprüfen. Wie dies alles zusammengenommen auf andere wirkt, kann nur einer beurteilen: das Publikum. Die letzte Instanz für den Erfolg einer Präsentation ist das Feedback der Empfänger.

ZUSAMMENFASSUNG

Dieses Buch hat sein Ziel erreicht, wenn es dazu beitragen kann, dass Sie bei nächster Gelegenheit überzeugend und gelassen vor Ihrem Publikum präsentieren. Die Kompetenzen, die Sie für eine gelungene Präsentation benötigen, haben Sie in der Theorie und an praktischen Beispielen kennen gelernt. Für Ihren Weg ‚vom Kennen zum Können' hier noch einmal die wichtigsten Punkte:

▶ Geben Sie Ihrer Präsentationen von Anfang an einen klaren Fokus – mit Blick auf das Ziel und auf Ihr Publikum.

▶ Erarbeiten Sie eine klare Struktur.

▶ Formulieren Sie eine überzeugende Geschichte in überschaubaren Sätzen und anschaulichen Worten.

▶ Visualisieren Sie Daten und Fakten so, dass das Wesentliche ‚auf einen Blick' erkennbar wird.

▶ Nehmen Sie sich immer die Zeit für den Feinschliff und den Probelauf.

▶ Vertrauen Sie darauf, dass Sie mit der Zeit und zunehmender Praxis Ihren eigenen Stil beim Präsentieren finden werden.

Viel Erfolg bei Ihrer nächsten Präsentation!

Die Inhalte der einzelnen Schritte sind hier kurz zusammengefasst. Mit diesen Checklisten können Sie den Prozess der Präsentationserstellung planen und die einzelnen Arbeitsschritte gezielt kontrollieren.

1 Fokussieren

1 Das Ziel klären: Was wollen Sie mit Ihrer Präsentation erreichen?

- ▶ Was sollen die Teilnehmer nach Ihrer Präsentation …
  … vom Thema wissen?
  … vom Thema halten?
  … zum Thema tun? Selbst tun? Entscheiden und veranlassen?
- ▶ Soll Ihre Präsentation eher informieren oder eher überzeugen?
- ▶ Wenn Sie nur einen Satz zum Thema sagen dürften, wie würde er lauten?
  Das ist die vorläufige Hauptaussage.
- ▶ Welche persönlichen Ziele verfolgen Sie mit der Präsentation?
  Wie muss Ihre Präsentation beschaffen sein, damit sie diesen Zielen entspricht?
- ▶ Bei Auftragspräsentationen: Vereinbaren Sie einen Termin zur Besprechung des Entwurfs.

2 Sich in die Empfänger hineinversetzen: Zu wem werden Sie sprechen?

Fragen für jede Präsentation:
- ▶ Wie viele Personen werden teilnehmen?
- ▶ Ebene der Sachinformation:
  - ▷ Was wissen die Teilnehmer bereits über das Thema?
  - ▷ Was werden sie wissen wollen?
  - ▷ Was sollten sie aus Ihrer Sicht durch die Präsentation noch erfahren?
- ▶ Ebene des Appells:
  - ▷ Wie stehen die Teilnehmer zum Thema: Sind sie gleicher Meinung? Anderer Meinung? Neutral?
  - ▷ Wie sollen sie nach Ihrer Präsentation dazu stehen?
- ▶ Ebene der Beziehung:
  - ▷ Kennen die Teilnehmer Sie?
  - ▷ Wenn ja: Wie stehen sie zu Ihnen – freundlich, neutral, ablehnend?
- ▶ Ebene der Selbstkundgabe:
  - ▷ Welches Selbstbild wollen Sie präsentieren?
  - ▷ Was erlaubt die Situation? Die Kultur?

Zusätzliche Fragen für berufliche Präsentationen:

▶ Welche Hierarchiestufen, welche Vertreter der verschiedenen Abteilungen oder Aufgabengebiete werden anwesend sein?

▶ Welche Interessen haben die verschiedenen Teilnehmer bezüglich des Themas?

▶ Welchen Nutzen erwarten sie sich?

▶ Welche Befürchtungen hegen sie möglicherweise?

▶ Kennen sich die Teilnehmer untereinander? Wenn ja: Wie stehen sie zueinander? Gibt es Allianzen, Fraktionen, Konflikte?

▶ Wer trifft die Entscheidung? Wer beeinflusst die Entscheidung maßgeblich?

3 Die Hauptaussage bestimmen: Was werden Sie sagen?

▶ **Formulieren** Sie Ihren ‚einen Satz zum Thema‘ so um, dass er bei den Empfängern Ihrer Präsentation Ihrer Einschätzung nach angemessen ‚ankommen‘ wird.

▶ **Testen** Sie diesen Satz – an einem Teilnehmer Ihrer Präsentation oder an einem Kollegen, der schon vor ähnlichen Empfängern präsentiert hat.

▶ **Ändern** Sie den Satz, falls nötig, bis er stimmt. Dieser Satz ist die Hauptaussage Ihrer Präsentation – und der Startpunkt für die Vorbereitung Ihrer Präsentationsunterlage.

4 Den Kontext einschätzen: Wo und wann werden Sie präsentieren?

▶ **Situation und Kultur**
  ▷ Wie formell ist die Situation (Kleiderordnung, Begrüßung, Dank etc.)?
  ▷ Welche Besonderheiten der Kultur sind zu berücksichtigen?

▶ **Programmablauf**
  ▷ Steht Ihre Präsentation allein oder finden weitere Präsentationen statt?
  ▷ An welcher Stelle steht Ihre Präsentation? Wie wichtig ist Ihr Thema?
  ▷ Gibt es Präsentationen zum gleichen oder zu ähnlichen Themen? Welche Meinungen werden diese Redner vertreten?
  ▷ Gibt es eine Frage- oder Diskussionsrunde nach der Präsentation?

▶ **Zeit**
  ▷ Wie viel Zeit ist für Ihre Präsentation vorgesehen?

▶ Wann findet Ihre Präsentation statt? Ist der Zeitpunkt für die Teilnehmer geeignet oder wird er eher als ungeeignet empfunden werden (z. B. Samstagvormittag)?

▶ Ist der Termin freiwillig oder eine Pflichtveranstaltung?

▶ **Raum**

▶ Wo werden Sie präsentieren? In welchem Raum, an welcher Stelle im Raum?

▶ Ist der Raum groß genug für die Anzahl der Teilnehmer?

▶ Welche Bestuhlung ist vorhanden? Kann man Sie von jedem Punkt aus gut sehen? Falls nicht: Ist die Bestuhlung veränderbar?

5 Die geeigneten Medien wählen: Womit werden Sie präsentieren?

▶ **Thema:** Mit welchen Medien können Sie die Themen Ihrer Präsentation am besten vermitteln?

▶ **Teilnehmerzahl und Raum:** Welche Medien kommen mit Blick auf die Anzahl der Teilnehmer und die Gegebenheiten des Raums in Frage?

▶ **Erwartungen:** Welche Medien werden von den Teilnehmern erwartet? Welche werden möglicherweise abgelehnt?

▶ **Verfügbarkeit:** Welche Medien sind vorhanden? Welche müssen Sie selbst mitbringen?

▶ **Beherrschung:** Mit welchen Medien kennen Sie sich aus? Mit welchen müssen Sie sich noch vertraut machen?

▶ **Unterlagen:** Welche Präsentationsunterlagen müssen Sie für diese Medien vorbereiten und haben Sie ausreichend Zeit dazu?

2 Strukturieren

1 Die passende Struktur wählen

▶ **Hauptaussage** als Ausgangspunkt

▶ **Mit Logikbäumen informieren:** Setzen Sie die Frage ‚wie?‘ oder ‚warum?‘ als Mittel zur Untergliederung der Hauptaussage ein.

▶ **Problemorientierte Strukturen** geben Information zum Status.
  ▷ Die Frage ‚wie?‘ liefert eine genaue Beschreibung des Status quo.
  ▷ Die Frage ‚warum?‘ zielt auf die Ursachen und liefert eine genaue Analyse .der vergangenen Ereignisse, die zu dem Status quo geführt haben.

▶ **Ergebnisorientierte Strukturen** beschreiben Ziele, Lösungen.
  ▷ Die Frage ‚warum?‘ liefert Gründe, warum dieses Ziel verfolgt werden sollte.
  ▷ Die Frage ‚wie?‘ beschreibt die nötigen Schritte auf dem Weg dahin.

▶ **Führen Sie den „GUT"-Test durch:**
  ▷ Gleichartig: Die Aussagen jeder Gruppe sind gleichartig formuliert.
  ▷ Umfassend: Die Aussagen jeder Gruppe decken die übergeordnete Aussage vollständig ab.
  ▷ Trennscharf: Die Aussagen jeder Gruppe überschneiden sich nicht.

▶ **Mit Argumentationsfiguren überzeugen:** Beantworten Sie die Frage ‚warum?‘ in mehreren Schritten.
  ▷ **Dreischritt:** Situation → Kommentar → Schlussfolgerung
  ▷ **Fünfsatz:** Ausgangssituation → Argument 1 → Argument 2 → Argument 3 → Konsequenz (Zwecksatz)

2 Die Präsentation strukturiert erarbeiten

▶ Nehmen Sie die **Hauptaussage als Startpunkt.**

▶ **Sammeln Sie Ideen,** beispielsweise mit Brainstorming, Listen, Skizzen, Mind Maps.

▶ **Strukturieren Sie das Thema ‚von oben nach unten':** von der Hauptaussage (‚von oben') ausgehen und sich Schritt für Schritt zu den Detailaussagen (‚nach unten') vorarbeiten.
  ▷ Welche möglichen Fragen leiten sich aus der Hauptaussage ab?

▷ Welche dieser Fragen wird das Publikum wohl (als erste) stellen?

▷ Wählen Sie die Untergliederung für die erste Ebene aus.

▷ Wiederholen Sie dieses Frage-Antwort-Spiel Ebene für Ebene, bis das Thema so weit detailliert ist, wie es für Ihr Ziel und Ihr Publikum angemessen ist.

▷ Überprüfen sie jede Gruppe von Aussagen mit dem „GUT"-Test.

▶ **Alternative – Strukturieren Sie das Thema ‚von unten nach oben**: von den Detailaussagen (‚von unten') ausgehen und zur Hauptaussage (‚nach oben') gelangen.

▷ Sammeln Sie die Fakten zum Thema und formulieren Sie sie als Aussagen (bzw. Hypothesen), am besten auf einzelne Karten oder Zettel.

▷ Gruppieren Sie gleichartige Aussagen.

▷ Finden Sie übergeordnete Kategorien und formulieren Sie sie möglichst als Aussage (bzw. Hypothese).

▷ Wiederholen Sie dieses Vorgehen Ebene für Ebene, bis Sie zur Hauptaussage gelangen.

▷ Überprüfen Sie jede Gruppe von Aussagen mit dem „GUT"-Test.

▶ **Kurzer Testlauf**: Bitten Sie eine Testperson um Feedback und arbeiten Sie eventuelle Änderungen ein.

▶ Holen Sie das **Okay des Auftraggebers** ein (bei Auftragspräsentationen).

3 Formulieren

1 Umfang und Folienübersicht festlegen

▶ **Umfang festlegen**: Als Faustregel können Sie pro Folie zwei bis drei Minuten rechnen.

▷ Welche Aussagen erhalten eine eigene Folie?

▷ Welche Aussagen werden auf einer Folie zusammengefasst?

▶ **Folienübersichtsplan festlegen**: Als Faustregel gilt, möglichst drei Viertel der Seiten als Visualisierungen zu planen.

▷ Legen Sie die Folienarten fest: Diagramme, Textfolien, konzeptionelle Grafiken.

▷ Planen Sie Übersichtsfolien: zu Beginn eines Kapitels oder eines Abschnitts.

2 Aussagen verständlich formulieren

▶ **Wählen Sie den Sprachstil** je nach Empfänger: diplomatisch oder direkt.

▶ **Achten Sie auf verständliche Sprache:** einfach, klar strukturiert, kurz und prägnant, anregend.

▶ **Bilden Sie überschaubare Sätze:**
  ▷ Klare Aussagen treffen: Was ist das Thema? Was ist dazu zu sagen?
  ▷ Klare Syntax wählen: mehrteilige Verben, eingeschobene Nebensätze und Attribute vermeiden.

▶ **Wählen Sie anschauliche Wörter:**
  ▷ Kurze Hauptwörter: keine Wortmonster, Vorsicht bei der Endung -ung
  ▷ Schlichte Verben: redundante Vorsilben weglassen, Vorsicht bei Verben auf -ieren, keine Streck- und keine Blähverben
  ▷ Aktiv statt Passiv (wo möglich)
  ▷ Neudeutsche Adjektive meiden (wie ‚zeitnah‘, ‚zeitgleich‘)
  ▷ Fachsprache sparsam und gezielt einsetzen

3 Überschriften und Textfolien formulieren

▶ **Legen Sie Ihren Präsentationsstil fest:** Aussagen oder Stichworte?
  ▷ für die Folienüberschrift
  ▷ für die Unterpunkte auf den Textfolien

▶ **Formulieren Sie die Texte:** Titel, Überschriften der Folien, Unterpunkte auf den Textfolien

4 Einleitung und Schluss formulieren

▶ **Formulieren Sie die Einleitung:** Begrüßung, Vorstellung, Anlass, Thema, Ziel, Ablauf.

▶ **Formulieren Sie den Schluss:** Zusammenfassung der Hauptaussagen, nächste Schritte, der einprägsame ‚letzte Satz‘.

5 Präsentation und Redetext in Einklang bringen

▶ **Formulieren Sie Ihren Redetext aus.** Dies ist für Anfänger immer und für Fortgeschrittene in drei Fällen empfehlenswert:
  ▷ bei sehr wichtigen Präsentationen
  ▷ bei sehr politischen Präsentationen, bei denen es auf jedes Wort ankommt
  ▷ bei streng limitierter Zeit, die auf keinen Fall überschritten werden darf

- ▶ **Achten Sie auf Sprechstil**: kurze Sätze, keine komplizierten Konstruktionen.
- ▶ **Lernen Sie den Redetext auswendig** (wenn es auf jedes Wort ankommt).
- ▶ **Oder erstellen Sie Notizen** je nach Bedarf und Vorliebe: Stichworte auf Karteikarten oder auf den Ausdrucken der Folien.

4 Visualisieren

1 Zahlen darstellen

- ▶ **Grundregeln beachten**:
  - ▷ Legen Sie erst die Aussage fest, wählen Sie dann die Art der Visualisierung aus.
  - ▷ Visualisieren Sie eine Aussage pro Diagramm, nicht mehrere in einem Diagramm.
  - ▷ Nicht übervisualisieren: Setzen Sie nur wichtige Aussagen als Diagramm um.
- ▶ **Diagramme als ‚Sprache' für Zahlenvergleiche**:
  - ▷ Vergleich eines Ganzen mit seinen Teilen: Kreisdiagramm oder 100-Prozent-Säule
  - ▷ Entwicklung und Trend: Säulen- oder Liniendiagramm
  - ▷ Rangfolge: Balkendiagramm
  - ▷ Häufigkeitsverteilung: Histogramm oder Liniendiagramm (Gaußsche Kurve)
  - ▷ Korrelation (positive, negative, keine): Balken- oder Punktdiagramm
- ▶ **Erweiterte Formen und Kombinationen**:
  - ▷ Blasendiagramm (Portfolio, Matrix)
  - ▷ Flächendiagramm (ABC-Analyse)
  - ▷ Stapelsäulen und -balken: möglichst vereinfachen
  - ▷ Gestaffelte Säulen und Balken: möglichst vereinfachen
  - ▷ Dreidimensionale Diagramme vermeiden
  - ▷ Kombination Diagramme und Zahlen (‚Halbvisualisierungen') möglichst vermeiden
  - ▷ Kombination von Diagrammen: Linien- und Säulendiagramm
  - ▷ Kombination Diagramm und Piktogramme: vermeiden, weil sie Daten leicht verzerren
- ▶ **Tabellen**:
  - ▷ Für Detailinformationen geeignet
  - ▷ Leserichtung durch grafische Elemente wie Linien betonen

2 Abstrakte Begriffe visualisieren

▶ **Konzeptionelle Grafiken** übersetzen einen abstrakten Begriff in eine grafische Darstellung und verdeutlichen den logischen Zusammenhang auf einen Blick.

▶ **Geläufige Visualisierungen:**
  ▷ Ablauf (Prozess): Pfeile
  ▷ Aufbau (Struktur): Baumstruktur nach dem Prinzip ‚An der Spitze steht das Wichtigste‘, für Organigramme, Themenstrukturen und Problemanalysen
  ▷ 2, 3, 4 Faktoren: als Übersichtsfolien geeignet
  ▷ Schematische Darstellungen für technische und naturwissenschaftliche Sachverhalte
  ▷ Karten

▶ **Intuitive Methode:**
  ▷ Gehen Sie entweder vom **Begriff** aus: „Was bedeutet dieser Begriff für mich? Welches Bild verbinde ich damit?"
  ▷ Oder gehen Sie von der **Aussage** aus und zeichnen Sie das erste Bild, das Ihnen dazu einfällt.
  ▷ Phase 1: Ideen finden und sammeln
  ▷ Phase 2: Ideen umsetzen
  ▷ Phase 3: Umsetzung überprüfen und wenn nötig verbessern

▶ **Systematische Methode** nach Gaedes zwölf Kreativ-Methoden zur Visualisierung und den damit verbundenen Gestaltungsprinzipien

▶ **Aufwändige Grafiken:** Überlassen Sie die Herstellung möglichst Grafik-Experten oder fertigen saubere Handzeichnung an und scannen sie ein.

▶ **Clip Arts:** Setzen Sie Clip Arts sparsam ein, achten Sie auf einheitlichen Stil und wählen Sie keine zu spielerischen Varianten.

▶ **Testen Sie die Wirkung vorab:**
  ▷ Ist die Visualisierung verständlich? Lassen Sie die Aussage/den Begriff weg und zeigen nur das Bild. Wird der Begriff auf Anhieb richtig erkannt, ist die Visualisierung perfekt.
  ▷ Ist die Visualisierung für das Publikum akzeptabel? Entfaltet sie keine unerwünschten Nebenwirkungen?

3 Fotos und Cartoons verwenden

▶ **Informative Bilder** dienen der Illustration eines Sachverhalts.

▶ **Emotionale Bilder** setzen emotionale Akzente und verstärken die Appell-Funktion der Präsentation.

▶ **Regeln für alle:**
  ▶ Setzen Sie Bilder sparsam und gezielt ein.
  ▶ Achten Sie auf sinnvollen Zusammenhang zum Gesagten.
  ▶ Testen Sie immer die Wirkung vorab (siehe oben).
  ▶ Achten sie auf ausreichende Bildqualität (Bildauflösung, Konturen, Farbkontraste).
  ▶ Klären Sie die Nutzungsrechte.

5 Editieren

▶ **Feinschliff**: Geben Sie Ihrer Präsentation den letzten Schliff und prüfen Sie sie auf folgende Aspekte:
  ▶ **Fokus**: Erfüllt die Präsentation das gesetzte Ziel? Beantwortet die Präsentation die Hauptfrage des Empfängers?
  ▶ **Struktur**: Überzeugt sie durch klare Struktur? Sind alle wichtigen Punkte enthalten und überschneiden sie sich möglichst nicht? Führen Sie den „GUT"-Test durch.
  ▶ **Geschichte**: Erzählen die Folien eine nachvollziehbare ‚Geschichte'?
  ▶ **Formulierungen**: Ist die Sprache verständlich und trifft sie den richtigen Ton?
  ▶ **Rechtschreibung**: Ist die Sprache fehlerfrei?
  ▶ **Textfolien**: Sind die Textfolien klar aufgebaut? Führen Sie den „GUT"-Test durch. Falls die Anzahl der Textfolien zu hoch ist: Welche Textfolien lassen sich in konzeptionelle Grafiken umwandeln?
  ▶ **Visualisierung von Zahlen**: Haben Sie für alle wichtigen Zahlen das angemessene Diagramm gefunden? Wird die Aussage auf den ersten Blick erkannt? Stimmen die Zahlen? Können Sie überflüssige Details weglassen?
  ▶ **Visualisierung von Konzepten**: Haben Sie für wichtige logische Zusammenhänge eine angemessene Visualisierung gefunden? Wird die Aussage auf den ersten Blick erkannt?

▶ **Generalprobe**: Führen Sie einen Testlauf vor Testpublikum durch und achten Sie insbesondere auf folgende Aspekte:
  ▶ **Synchronisation**: Passen Redetext und Folien zusammen? Sind Änderungen – am Redetext oder an den Folien – nötig? Funktionieren alle Links?

▸ **Zeit**: Reicht die Zeit? Müssen Sie kürzen?

▸ **Reaktion**: Wie kommt das Gesagte an? Was sollten Sie ändern?

6 Präsentieren

1 Präsentations-situation vorbereiten

▸ **Bereiten Sie sich selbst vor**: Stimmen Sie sich positiv ein (eigene Kompetenz, Thema, Publikum), legen Sie eine Entspannungspause vor der Präsentation ein und wählen Sie angemessene Kleidung.

▸ **Überprüfen Sie den Raum** (siehe oben 1.4).

▸ **Testen Sie die Medien** und wählen Sie Ihren besten Standpunkt für die Präsentation:

  ▸ **Flipchart**: Auf richtige Höhe einstellen, im 30-Grad-Winkel aufstellen, Papiervorrat überprüfen, vorbereitete Blätter aufhängen, Stifte bereit legen, Agenda schreiben.

  ▸ **Tafel/Whiteboard**: ‚Schreibtest‘ durchführen (zur Lesbarkeit), Stifte bzw. Kreide bereit legen.

  ▸ **Overhead-Projektor**: Lichtstärke und Schärfe prüfen, Ablagetisch bereit stellen, Position der Folie auf Projektorfläche überprüfen und evtl. mit Klebeband markieren, Folienstifte bereit legen.

  ▸ **Beamerpräsentation**: Laptop zu Hause vorbereiten (Bildschirmmotiv, Ablage der Dateien in einen Ordner auf dem Desktop), mindestens eine Stunde vor Präsentationsbeginn Beamer und Laptop überprüfen, ggf. Einstellungen des Laptops überprüfen und ändern, Folien oder Flipchart für den Notfall bereit halten.

2 Präsentation halten

▸ **Körpersprache**: Nehmen Sie einen geeigneten Standpunkt ein; achten Sie auf aufrechte Haltung, freundliche Mimik und Blickkontakt; lassen Sie Ihre Gestik zu (mit oder ohne ‚etwas in der Hand‘).

▸ **3-A-Technik**:

  ▸ **Anschauen**: Suchen Sie schweigend den Punkt auf der Folie oder der Projektionsfläche, auf den Sie zeigen wollen, und deuten Sie auf ihn.

  ▸ **Aufschauen**: Lassen Sie Ihre Hand (oder Ihr Zeigegerät) auf dem Punkt und drehen Sie sich zum Publikum – immer noch schweigend.

  ▸ **Ansprechen**: Jetzt erst beginnen Sie zu sprechen.

- **Sprechtechnik:** Sprechen Sie laut und deutlich und mit abwechslungsreicher Satzmelodie, denken Sie an Pausen, meiden Sie Pausenlaute und Füllwörter und sprechen Sie möglichst Hochdeutsch.
- **Pannen:** Reparieren Sie Pannen stillschweigend und fahren Sie ohne Entschuldigung fort; bei größeren Pannen geben Sie dem Publikum eine Pause.
- **Fragen beantworten:** Nehmen Sie sich Zeit zum Verstehen, fragen Sie ggf. nach. Beantworten Sie Verständnisfragen umgehend und entscheiden Sie bei weiterführenden Fragen je nach Situation, ob Sie die Antwort auf die Diskussionsphase verschieben.
- **Verdeckte Fragen:** Beantworten Sie auch verdeckte Fragen (bei denen die Absicht unklar ist) zunächst auf der sachlichen Ebene.
- **Einwänden begegnen** Sie am besten, indem Sie den Einwand mit einer offenen Frage zurückspielen.
- **Angriffe entschärfen** Sie ebenfalls am besten, indem Sie sie mit einer offener Frage zurückspielen.
- **Vielredner stoppen:** Beantworten Sie die Frage kurz und unterbrechen Sie anschließend den Blickkontakt.
- **Publikum aktivieren:** Stellen Sie Fragen – echte, rhetorische oder im Moderationsstil.
- **Mit verkürzter Dauer umgehen:** Präsentieren Sie die Hauptaussagen Ihrer Präsentation und liefern die Details nach.
- Wenn möglich: Teilen Sie **Feedback-Bögen** aus

3 Präsentation nachbereiten

- **Für das Publikum:** Verschicken Sie die Präsentationsunterlagen als Dokumente oder als PDF-Dateien, formulieren Sie einen empfängerorientierten Begleitbrief oder Mail.
- **Für sich selbst:** Lassen Sie die Präsentation **Revue** passieren.
  - Was hat gut funktioniert?
  - War ich an einigen Stellen unsicher?
  - Wann haben die Zuhörer positiv reagiert (Applaus, Lachen, Fragen)?
  - Hatte ich an manchen Stellen das Gefühl, dass die Anwesenden der Präsentation nicht zugehört haben? Wenn ja, an welcher Stelle?
  - Sind die Zuhörer in der Pause/am Ende auf mich zugekommen? Aus welchen Gründen?
  - Habe ich mich bei den Fragen gut gehalten?
  - Welche Note würde ich mir geben?

    ▹ Was möchte ich in der nächsten Präsentation anders machen oder ausprobieren?

▶ **Werten Sie das Feedback aus** – hier noch einmal die möglichen Fragen:

    ▹ Was war Ihrer Ansicht nach das Ziel der Präsentation?

    ▹ Wie fanden Sie den Aufbau?

    ▹ Wie haben Ihnen die Beispiele gefallen?

    ▹ Wie klar und deutlich waren die Folien?

    ▹ Wie gut hat der Präsentierende erklärt?

    ▹ Wie sicher und kompetent erschien Ihnen der Präsentierende?

    ▹ Was könnte der Präsentierende besser machen?

    ▹ Wie zufrieden waren Sie mit den Präsentationsunterlagen (Handout)?

    ▹ Wie zufrieden waren Sie mit dem Raum, der Verpflegung etc.?

    ▹ Was könnte besser sein?

▶ Mögliche Bewertungsskala: von 1 = sehr gut bis 6 = ungenügend

Verzeichnet sind Standardwerke und neuere Titel zum Thema Präsentation sowie alle zitierten Werke. Empfehlenswert für eine Handbibliothek (auch für das kleine Budget) sind die Titel von Nöllke, Seifert und Hertlein.

1 Präsentation allgemein

1.1 Praxis

ADAMS, SCOTT: *The Dilbert Principle: A Cubicle's-Eye View of Bosses, Meetings, Management Fads & Other Workplace Afflictions.* New York: HarperCollins 1997.

ASCHERON, CLAUS: *Die Kunst des wissenschaftlichen Präsentierens und Publizierens. Ein Praxisleitfaden für junge Wissenschaftler.* Heidelberg: Spektrum Akademischer Verlag: 2007.

BREGER, WOLFRAM & HEINZ LOTHAR GROB: *Präsentieren und Visualisieren – mit und ohne Multimedia.* Mchn.: Beck-Wirtschaftsberater im dtv 2003.

FRANCK, NORBERT & JOACHIM STARY: *Gekonnt visualisieren. Medien wirksam einsetzen.* Paderborn: Schöningh 2006.

GARTEN, MATTHIAS: *Best Business Presentations. Expertenwissen für Multimediapräsentationen und professionelle Vorträge.* Wiesbaden: Gabler 2004.

GRÜNIG, CAROLIN & GREGOR MIELKE: *Präsentieren und überzeugen Das Kienbaum-Trainingskonzept.* Planegg/Mchn.: Haufe 2004.

HARTMANN, MARTIN & RÜDIGER FUNK & HORST NIETMANN: *Präsentieren. Präsentationen: zielgerichtet und adressatenorientiert.* 7. Aufl., Weinheim/Basel/Bln.: Beltz 2003 [1991].

HIERHOLD, EMIL: *Sicher präsentieren – wirksamer vortragen.* 7., aktual. Aufl., Heidelberg.: Redline Wirtschaft 2005.

NEUMANN, JÖRG: *Ihr Auftritt zum Erfolg. Präsentationen souverän meistern.* Zürich: Orell Füssli 2004.

NÖLLKE, CLAUDIA: *Präsentieren.* 4. Aufl., Planegg: STS-Verlag 2006 [1998].

PABST-WEINSCHENK, MARITA: *Reden im Studium. Ein Trainingsprogammm.* Berlin: Cornelsen Scriptor 1995.

PÖHM, MATTHIAS: *Präsentieren Sie noch oder faszinieren Sie schon? Der Irrtum PowerPoint.* Heidelberg: mvg Verlag 2006.

SCHILDT, THORSTEN & PETER KÜRSTEINER: *100 Tipps & Tricks für Overhead- und Beamerpräsentationen.* Weinheim/Basel: Beltz 2003.

SEIFERT, JOSEF W.: *Visualisieren. Präsentieren. Moderieren.* 22. Aufl., Offenbach: Gabal 2005 [1989].

THIELE, ALBERT: *Präsentieren Sie einfach.* FfM: Frankfurter Allgemeine Buchverlag 2007.

WILL, HERMANN: *Mini-Handbuch Vortrag und Präsentation. Für Ihren nächsten Auftritt vor Publikum.* 6., überarb. Aufl., Weinheim/Basel: Beltz 2006 [2000].

ZELAZNY, GENE: *Das Präsentationsbuch.* 2. Aufl., FfM/New York: Campus 2002 [2001].

1.2 Theorie, Kritik und Parodie von (Powerpoint-)Präsentationen

KNOBLAUCH, HUBERT U. A.: *Die Performanz visuell unterstützter mündlicher Präsentationen. Eine gattungsanalytische Untersuchung einer paradigmatischen Kommunikationsform in der „Wissensgesellschaft".* DFG-Projekt des Instituts für Soziologie an der TU

Berlin, unter der Leitung von Hubert Knoblauch, http://www.tu-berlin.de/~soziologie/AllgSoz/projekt/index2.htm.

KNOBLAUCH, HUBERT U. A.: *PowerPoint-Performanz als neue Form der Kommunikation von Wissen.* Workshop vom 6.–7. Juli 2006, Berlin Workshop-Programm: http://www.tu-berlin.de/~soziologie/AllgSoz/conferences.htm. Tagungsbericht: http://hsozkult.geschichte.hu-berlin.de/tagungsberichte/id=1307&count=138&recno=19&sort=datum&order=down&geschichte=88. Die Veröffentlichung der Workshop-Beiträge ist für Ende 2007 geplant.

LOBIN, HENNING & CLAUS LEGGEWIE: *Der Projektverbund „Interne Wissenschaftskommunikation über digitale Medien" am Zentrum für Medien und Interaktivität, Justus-Liebig-Universität Gießen.* In: *zeitenblicke* 5/03 (2006), http://www.dipp.nrw.de/lizenzen/dppl/dppl/DPPL_v2_de_06-2004.html. Projekt Wissenschaftskommunikation: http://www.zmi.uni-giessen.de/home/projekt-24.html.

TUFTE, EDWARD R.: *„PowerPoint is evil."* In: www.wired.com, September 2003.

TUFTE, EDWARD R.: *The cognitive style of Powerpoint: Pitching out, corrupts within.* 2. Aufl., Cheshire, Connecticut: Graphics Press 2006 [2003].

Powerpoint-Karaoke: www.zentrale-intelligenz-agentur.de/powerpointkaraoke.html.

1.3 Zu Kommunikation und Interkulturalität

ERLL, ASTRID & MARION GYMNICH: *Interkulturelle Kompetenzen.*

Erfolgreich kommunizieren zwischen Kulturen. Stuttgart: Klett 2007.

HALL, EDWARD T. & MILDRED R. HALL: *Understanding cultural differences.* Yarmouth, ME 1990.

HALL, EDWARD T. & MILDRED R. HALL: *Hidden differences: Studies in international communication.* Hamburg: Gruner & Jahr 1985 [1983].

LAYES, GABRIEL: *Kulturdimensionen.* In: THOMAS, ALEXANDER & EVA-ULRIKE KINAST & SYLVIA SCHROLL-MACHL (Hg.): *Handbuch Interkulturelle Kommunikation und Kooperation. Band 1: Grundlagen und Praxisfelder.* Göttingen: Vandenhoeck & Ruprecht 2003, S. 117–125.

PASCHEN, HARM: *Kommunikation. Studienmaterial für Sekundarstufe II.* Mchn.: Bayerischer Schulbuchverlag 1974.

SCHROLL-MACHL, SYLVIA: *Deutschland.* In: THOMAS, ALEXANDER & STEFAN KAMMHUBER & SYLVIA SCHROLL-MACHL (Hg.): *Handbuch Interkulturelle Kommunikation und Kooperation. Band 2: Länder, Kulturen und interkulturelle Berufstätigkeit.* Göttingen: Vandenhoeck & Ruprecht 2003. S. 72–89.

SCHULZ VON THUN, FRIEDEMANN: *Miteinander reden.* Band 1–3. Hamburg: Rowohlt 1981–1998.

SHANNON, CLAUDE & WARREN WEAVER: *The Mathematical Theory of Communication.* Urbana: University of Illinois Press 1949.

THOMAS, ALEXANDER & EVA-ULRIKE KINAST & SYLVIA SCHROLL-MACHL (Hg.): *Handbuch Interkulturelle Kommunikation und Kooperation.* Band 1: Grundlagen und Praxisfelder. Göttingen: Vandenhoeck & Ruprecht 2003.

THOMAS, ALEXANDER & STEFAN KAMM-HUBER & SYLVIA SCHROLL-MACHL (Hg.): *Handbuch Interkulturelle Kommunikation und Kooperation. Band 2: Länder, Kulturen und interkulturelle Berufstätigkeit.* Göttingen: Vandenhoeck & Ruprecht 2003.

WATZLAWICK, PAUL & JANET H. BEAVIN & DON JACKSON: *Menschliche Kommunikation. Formen, Störungen, Paradoxien.* 4., unveränderte Auflage. Bern/Stuttgart/Wien: Verlag Hans Huber 1974 [1969].

2 Strukturieren

ALLHOF, DIETER-W. UND WALTRAUD: *Rhetorik & Kommunikation. Ein Lehr- und Übungsbuch.* 14., neu bearb. und erw. Aufl., Mchn./Basel: Ernst Reinhard Verlag 2006.

BARTH, JONNA: „*Pyramidales Denken im Management: Präsentationen erfolgreich strukturieren.*" In: CHRISTOPHER JAHNS & GERHARD HEIM (Hg.): *Handbuch Management.* Stuttgart: Schäffer-Poeschel 2003, S. 533–552.

BUZAN, TONY & BARRY BUZAN: *Das Mind-Map-Buch – Die beste Methode zur Steigerung Ihres geistigen Potenzials.* 5. Aufl., Landsberg am Lech: mvg-Verlag 2005.

BUZAN, TONY: *Das kleine Mind-Map-Buch. Die Denkhilfe, die ihr Leben verändert.* Mchn: Wilhelm Goldmann Verlag 2002.

ECHTERHOFF, GERALD & BIRGIT NEUMANN: *Projekt- und Zeitmanagement. Strategien für ein erfolgreiches Studium.* Stuttgart: Klett 2006.

GEISSNER, HELMUT: „*Der Funfsatz. Ein Kapitel Redetheorie und Rede-*pädagogik.*"* In: Wirkendes Wort 18/04 (1968), S. 258–278.

HAFT, FRITJOF: *Strukturdenken. Der Schlüssel zum erfolgreichen Reden und Verhandeln.* Mchn.: Langen/Müller 1985.

HAFT, FRITJOF: *Das Normfall-Buch. Informationstechnologie in der Anwaltskanzlei.* Mchn.: Normfall Verlag 2005.

HUNGENBERG, HARALD: *Problemlösung und Kommunikation. Vorgehensweisen und Techniken.* 2., überarb. und erw. Aufl., Mchn: Oldenbourg 2002.

KRAY, JUTTA & AXEL MECKLINGER: „*Chunking, chunks.*" In: NICOLAS PETHES & JENS RUCHATZ (Hg.): *Gedächtnis und Erinnerung. Ein interdisziplinäres Lexikon.* Hamburg: Rowohlt 2001.

MILLER, GEORGE A.: „*The cognitive revolution: a historical perspective.*" In: *Trends in Cognitive Sciences* 7/03 (2003), S. 141–144 (http://wordnet.princeton.edu/~geo/).

MILLER, GEORGE A.: „*The Magical Number Seven, Plus or Minus Two: Some Limits on Our Capacity for Processing Information.*" In: *The Psychological Review* 63 (1956), S. 81–97 (www.well.com/user/smalin/miller.html).

MINTO, BARBARA: *Das Prinzip der Pyramide. Ideen klar, verständlich und erfolgreich kommunizieren.* Mchn. u. a.: Pearson Studium 2005.

MINTO, BARBARA: *Das Pyramiden-Prinzip. Logisch denken und kommunizieren.* Düsseldorf u. a.: Econ Verlag 1993.

NISBETT, RICHARD: *The geography of thought. How Asians and Westerners think differently … and why.* New York u. a.: The Free Press 2003

Simon Hermann & Andreas von der Gathen: *Das große Handbuch der Strategieinstrumente. Alle Werkzeuge für eine erfolgreiche Unternehmensführung.* FfM/New York: Campus 2002.

3 Formulieren

Langer, Inghard & Friedemann Schulz von Thun & Reinhard Tausch: *Sich verständlich ausdrücken.* 8., erweit. Aufl., Mchn.: Reinhardt 2006 [1974]

Schneider, Wolf: *Deutsch für Kenner. Die neue Stilkunde.* Mchn: Piper 2005.

Schneider, Wolf: *Deutsch! Das Handbuch für attraktive Texte.* Hamburg: Rowohlt 2005.

Sick, Bastian: *Der Dativ ist dem Genitiv sein Tod. Ein Wegweiser durch den Irrgarten der deutschen Sprache.* Köln: Kiepenheuer & Witsch 2004.

Sick, Bastian: *Der Dativ ist dem Genitiv sein Tod. Folge 2. Neues aus dem Irrgarten der deutschen Sprache* Köln: Kiepenheuer & Witsch 2005.

Sick, Bastian: *Der Dativ ist dem Genitiv sein Tod. Folge 3. Noch mehr Neues aus dem Irrgarten der deutschen Sprache* Köln: Kiepenheuer & Witsch 2006.

4 Visualisieren

4.1 Praxis

Gaede, Werner: *Vom Wort zum Bild. Kreativ-Methoden der Visualisierung.* 2., verbess. Aufl., München: Langen Müller 1992 [1981].

Hertlein, Margit: *Präsentieren – vom Text zum Bild.* Hamburg: Rowohlt 2003.

Krämer, Walter: *So lügt man mit Statistik.* 7. Aufl., Mchn./Zürich: Piper 2005 [2000].

Krämer, Walter: *Statistik für die Westentasche.* Mchn./Zürich: Piper 2002.

Rachow, Axel: *Sichtbar. Die besten Visualisierungs-Tipps für Präsentation und Training.* Bonn: managerSeminare VerlagsGmbH 2006.

Tufte, Edward R.: *The Visual Display of Quantitative Information.* 2. Aufl., Cheshire, Connecticut: Graphics Press 2006 [2001].

Tufte, Edward R.: *Envisioning Information.* Cheshire, Connecticut: Graphics Press 1990.

Zelazny, Gene: *Wie aus Zahlen Bilder werden. Der Weg zur visuellen Kommunikation.* 6., überarb. und erw. Aufl., Wiesbaden: Gabler 2005 [1985].

4.2 Theorie

Belting, Hans: *Bild-Anthropologie.* München: Wilhelm Fink 2001.

Gerndt, Helge: *Der Bilderalltag. Perspektiven einer volkskundlichen Bildwissenschaft.* (= Münchner Beiträge zur Volkskunde, Bd. 33) Münster u. a.: Waxmann 2005.

Heller, Eva: *Wie Farben wirken. Farbpsychologie, Farbsymbolik, kreative Farbgestaltung.* Hamburg: Rowohlt 2004 [1989?].

Metzger, Wolfgang: *Gesetze des Sehens.* 3., erweit. Auflage. FfM: Verlag Waldemar Kramer [1975].

Moosbrugger, Helfried u. a.: *Visualisierung und Präsentation empirischer Daten.* Riezlern-Reader XI. Arbeiten aus dem Institut für Psychologie der Johann Wolfgang Goethe Universität, Heft 2, 2002.

SACHS-HOMBACH, KLAUS: *„Bildbegriff und Bildwissenschaft."* In: *kunst – gestaltung – design*, Heft 8, Saarbrücken: Verlag St. Johann 2002.

SACHS-HOMBACH, KLAUS (HG.): *Bildwissenschaft zwischen Reflexion und Anwendung.* Köln: Halem 2005.

SACHS-HOMBACH, KLAUS (HG.): *Bild und Medium. Kunstgeschichtliche und philosophische Grundlagen der interdisziplinären Bildwissenschaft.* Köln: Halem Verlag 2006.

Virtuelles Institut für Bildwissenschaft unter: www.bildwissenschaft.org.

5 Präsentieren

Zur Praxis des Präsentierens siehe auch alle Titel unter „1. Präsentation allgemein".

MEHRABIAN, ALBERT: *Silent messages: Implicit communication of emotions and attitudes.* Belmont, CA: Wadsworth 1981 (am@kaaj.com und www.kaaj.com/psych/smorder.html).

MOLCHO, SAMY: *Körpersprache.* 18. Aufl., Mchn.: Goldmann 1998 [1983].

PAESE, ALLAN & BARBARA: *Die kalte Schulter und der warme Händedruck. Ganz natürliche Erklärungen für die geheime Sprache unserer Körper.* Blin.: Ullstein 2004.

SCHMITT, REINHOLD: *Bericht über das 1. Arbeitstreffen „Multimodale Kommunikation"* In: *Sprachreport* 1 2004, S. 31–34.

SCHMITT, REINHOLD: *Theoretische und methodische Implikationen der Analyse multimodaler Interaktion.* In: HOLLY, WERNER & INGWER PAUL (HG.): *Medialität und Sprache.*

Mitteilungen des Deutschen Germanistenverbandes 54/1 (2007), S. 26–49.

SCHMITT, REINHOLD: *Von der Konversationsanalyse zur Analyse multimodaler Interaktion.* In: HEIDRUN KÄMPER & LUDWIG M. EICHINGER (HG.): *Sprach-Perspektiven. Germanistische Linguistik und das Institut für Deutsche Sprache* (Studien zur deutschen Sprache 40) Tübingen: Narr, 2007, S. 395–417.

DEPPERMANN, ARNULF & LORENZA MONDADA & REINHOLD SCHMITT: *Agenda and emergence in a meeting. From work to break-like activities and back to work.* In: DEPPERMANN, ARNULF & MARJA-LEENA SORJONEN (HG.): *Emergence and modalities in interaction.* Special Issue 2007.